監修 八木陽子

イラスト MICANO

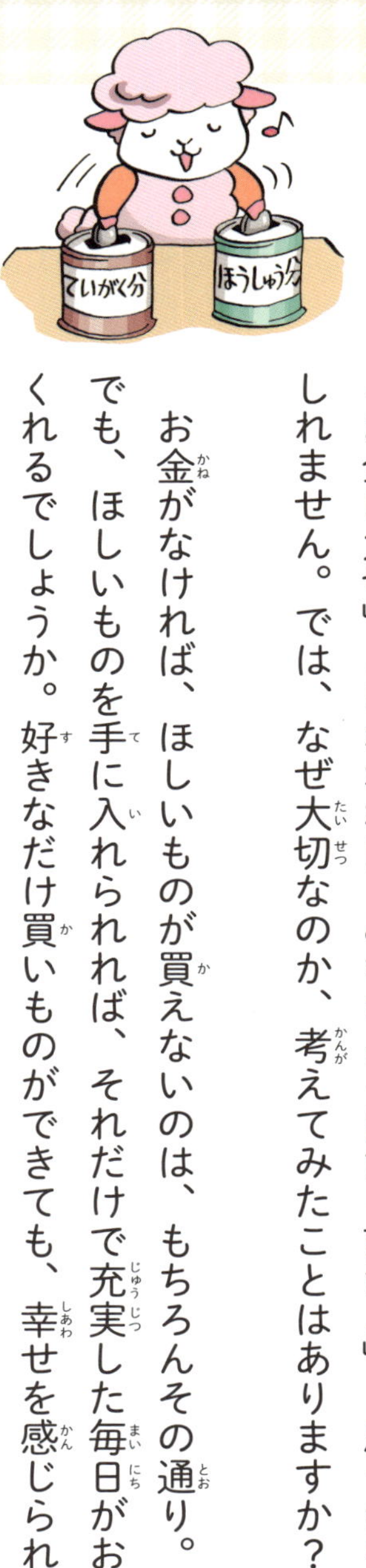

はじめに

「お金は大切」といわれれば、みなさん「当たり前だよ」と思うかもしれません。では、なぜ大切なのか、考えてみたことはありますか？

お金がなければ、ほしいものが買えないのは、もちろんその通り。でも、ほしいものを手に入れられれば、それだけで充実した毎日がおくれるでしょうか。好きなだけ買いものができても、幸せを感じられなければ、さみしいですよね。

お金が大切なのは、お金をつかう、その人しだい。お金とじょうず

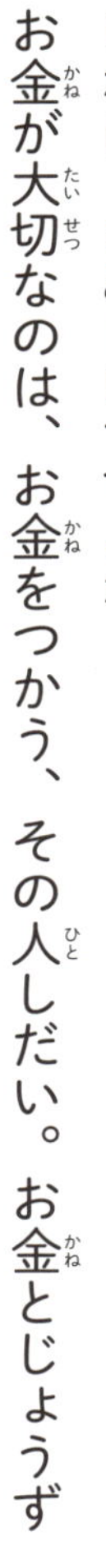

につき合うことができると、毎日を感謝してすごせたり、自分の好きなことがよく分かったりしますよ。せっかくお金をつかうのなら、自分やまわりの人たちが幸せになるつかい方をしたいですよね。

お金とのつき合い方は、大人になってもずっと考えつづけなければいけないことです。子どものうちは、お金のつかい方で失敗してもいいのです。大切なのは、その経験をいかして、どうすれば幸せなお金のつかい方ができるかを考えること。

今の失敗を未来の成功につなげるための、お金のつかい方を身につけましょう！

キッズ・マネー・ステーション　八木陽子

目次

はじめに …… 2

Part 1 お金のことって知らなきゃダメなの？ 7

- **お金ってなんだろう？** …… 8
  - お金は「交換」するもの …… 8
  - お金は「ありがとう」の気もち …… 10
- **お金のつかい方を知るとどうなるの？** …… 12
  - 未来が大きくかわる！ …… 12
  - 本当にほしいものがわかる …… 13
  - お金のつかい方で身につく5つの「生きる力」 …… 14
  - お金のつかい方タイプ別診断 …… 16
- **私たちとお金の関わり方** …… 24
  - 6つの関わり方を知ろう …… 24
- COLUMN 1 お金はどこでつくられる？ …… 26

Part 2 お金のつかい方を知ろう 27

- **知っておきたい1 おうちの人に買ってほしい！** …… 28
  - 「ほしい！」の気もちを分析してみよう …… 29
  - ものの値段を知ろう …… 30
  - 「だいたいの値段」を知っておこう …… 31
  - 値段の決め方を知ろう …… 32
- **知っておきたい2 予定にない買いもの** …… 34
  - 自分にとっての「価値」を見なおそう …… 35
  - 「消費」と「浪費」のちがいを知ろう …… 36

知っておきたい 3 お金のつかい道が分からない？ …… 38
①「必要なもの」と「ほしいもの」を見きわめよう …… 39
②「ニーズ」と「ウォンツ」の優先順位 …… 40
知っておきたい 4 スマートフォンでの買いもの！ …… 42
① データのお金「キャッシュレス決済」を知ろう …… 43
② 支払い方法を知ろう …… 44

Part 3 かしこくお金をつかってみよう 55

なんとかしたい 1 おこづかいのルール …… 56
① もらい方を決めよう …… 56
② 予算を決めよう …… 59
③「契約書」をつくろう …… 60
なんとかしたい 2 おこづかいの管理 …… 62
① つかえるお金を「見える化」しよう …… 62
② ふり返りでレベルアップ！ …… 69
③ 臨時収入を管理しよう …… 70
なんとかしたい 3 おこづかいの再交渉 …… 72
①「今の自分」に合ったおこづかいに …… 72
② 再交渉の「プレゼン」をしよう …… 74

知っておきたい 5 SNSでお金をやりとり!? …… 46
① お金のやりとりはトラブルのもと！ …… 47
② お金の大切さを学ぼう …… 48
本当にあった!? お金にまつわるトラブル …… 50
COLUMN 2 もっと知りたい！ お金のつかい方 …… 54

こんなときどうする？

とりたい景品がぜんぜんとれない！ …… 76
友だちの誕生日に高いものをあげたい …… 78
おこづかいで決めたルールを守れなかった …… 80
友だちに「お金を貸して」といわれた …… 82
友だちに「弁償して」といわれた …… 84
ほしいカードを交換でゲット？ …… 86
「無料」のはずが高額請求が!? …… 88
お金のつかい方タイプ別まとめ …… 90
COLUMN 3 社会のためにつかうお金 …… 92

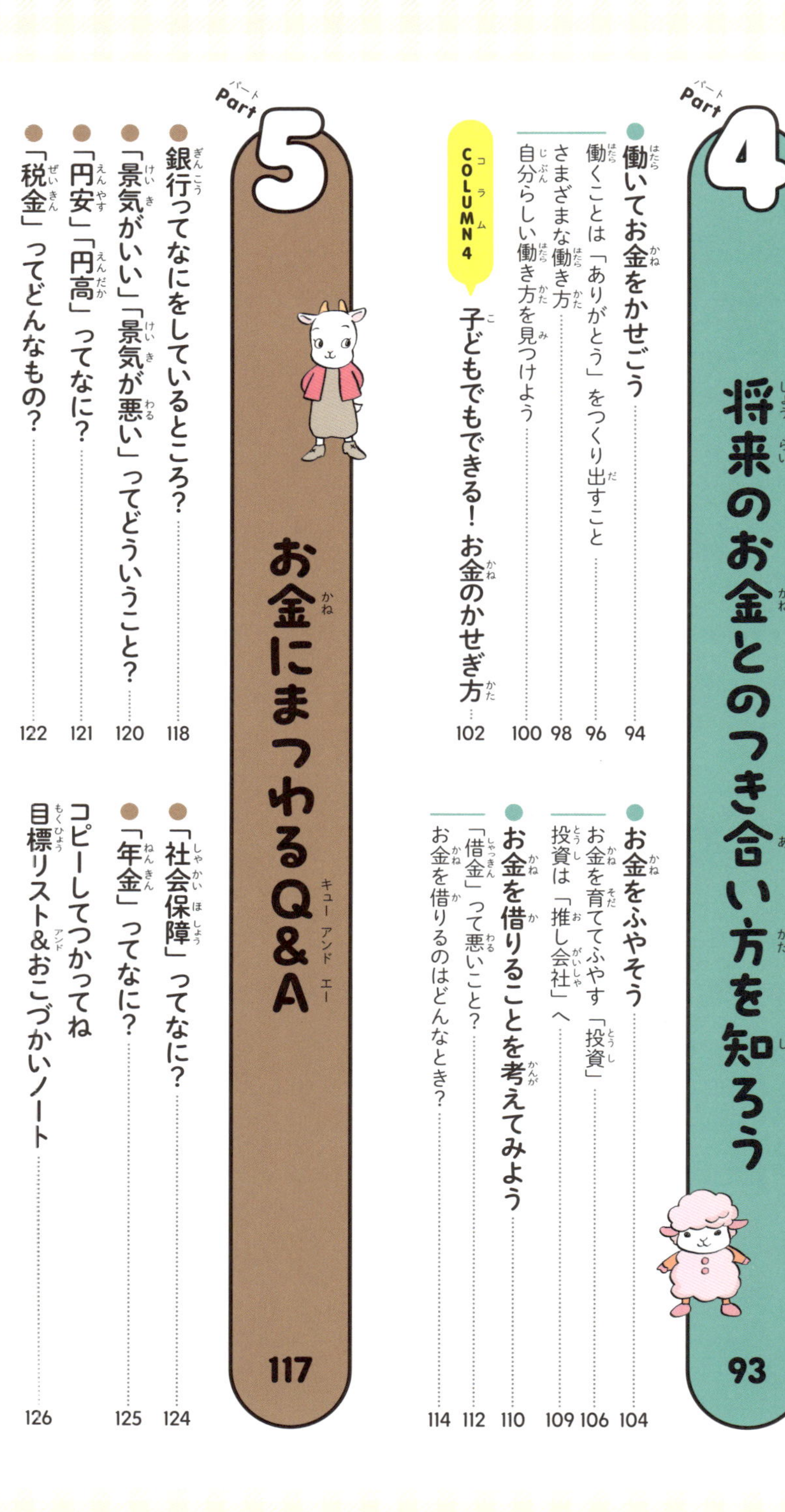

Part 4 将来のお金とのつき合い方を知ろう 93

- 働いてお金をかせごう …… 94
  - 働くことは「ありがとう」をつくり出すこと …… 96
  - さまざまな働き方 …… 98
  - 自分らしい働き方を見つけよう …… 100
- COLUMN 4 子どもでもできる！ お金のかせぎ方 …… 102
- お金をふやそう …… 104
  - お金を育ててふやす「投資」 …… 106
  - 投資は「推し会社」へ …… 109
- お金を借りることを考えてみよう …… 110
  - 「借金」って悪いこと？ …… 112
  - お金を借りるのはどんなとき？ …… 114

Part 5 お金にまつわるQ&A 117

- 銀行ってなにをしているところ？ …… 118
- 「景気がいい」「景気が悪い」ってどういうこと？ …… 120
- 「円安」「円高」ってなに？ …… 121
- 「税金」ってどんなもの？ …… 122
- 「社会保障」ってなに？ …… 124
- 「年金」ってなに？ …… 125

コピーしてつかってね
目標リスト&おこづかいノート …… 126

お金（かね）のことって知（し）らなきゃダメなの？

Part（パート） 1

「お金」ってなんだろう？

お金は「交換」するもの

お金があれば、寒いときに上着を買ったり、おなかがへったときに食べものを買ったりと、ほしいものが手に入るよね。なんでだろうって考えたことはあるかな？

それは、お金が「別の何かと交換できるアイテム」だから。お金自体は体をあたためたり食べたりできないけど、必要なものと交換できる。

自分がほしいものを、だれかが持っているときに、それをわたせば交換してくれるもの、それがお金なんだね。

お金の3つの役割

① 交換する

何かを買うというのは、お金とほしいものを交換するということ。ホテルに泊めてもらったり電車に乗せてもらったりする「サービス」も、お金と交換することができるよ。

② 価値をはかる

たとえばアメが50円、クッキーが100円だったら「アメよりクッキーのほうが価値が高いな」と判断できるよね。こんなふうに、お金によって価値を比べられるんだ。

③ 貯めておく

ものとものを交換していた時代には、交換しようとしていたものがくさってしまうことがあったんだ。でも、お金ならその心配はなし！　つかうまで保管しておけるよ。

世界の人たちが「お金を『ほしいものと交換できるアイテム』にしよう」というルールを決めたよ
みんながそのルールを守ると信じているからこそお金がつかえるの

お金のなりたち

① 物々交換

大昔は、自分がもっているものと相手がもっているものを交換していたよ。でも、交換できるものが見つからなかったり交換しようとした食べものがくさったりして、不便だったみたい。

② 物品貨幣

めずらしい貝がらや石を、ほしいものと交換するようになったよ。貝がらや石は保存がきくから、ほしいものがあるときまでとっておけるんだ。これがお金のはじまりだね。

③ 金属貨幣

みんなが「価値がある」と認める「金」をほしいものと交換するようになったけど、交換のたびに重さをはかるのが大変だったから、金属をとかしてつくった「硬貨」が生まれたよ。

④ 紙幣

金属貨幣は重くて大量になるともちあるくのが大変だったので、紙の券を発行して、「この券には金と同じ価値がある」と決めたんだ。これが、今の紙幣のもとになったんだね。

お金は「ありがとう」の気もち

ほしいものを買うときには、お金を払うよね。そのほしいものは、だれかが作ってくれたものや、だれかがしてくれたサービスかもしれない。知らないだれかのすることに助けてもらっているから、みんなが生活できているんだよ。だから、お金を払うことは「ありがとう」という気もちを伝えることでもあるんだ。

そして、働くということは「だれかの助けになることをする」ということ。だからお金をかせぐということは、みんなからの「ありがとう」を受けとるということでもあるんだね。

身のまわりの「ありがとう」を知ろう

きみのまわりには
どんな「ありがとう」があるかな？
身近なもので見てみよう

野菜や果物

野菜や果物をつくっているのは農家の人。おいしく食べられるまで毎日育ててくれているよ。それを売っているお店にも「ありがとう」だね。

レストラン

料理をつくって提供してくれることに「ありがとう」が伝えられるよ。材料をつくる人たちにも感謝したいね。

衣服

服や帽子など、身につけるものを作る人、その素材の生地を作る人、デザインをする人、お店で販売する人、お店まで商品を運ぶ人など、たくさんの「ありがとう」があるよ。

ゲームアプリ

ゲームを企画する人、グラフィックや音をつくる人、アプリを管理する会社の人……ここにも多くの「ありがとう」が集まっているよ。

お金のつかい方を知るとどうなるの？

未来が大きくかわる！

いつか働いてお金をかせげるようになったとき、ほしいものを買いまくってお財布の中身も貯金もゼロ……なんてことになったら困るよね。

はじめはよくても、新しくやりたいことを見つけたときや家族ができたときに、お金が足りないせいで、できることがへってしまうかもしれない。

お金のじょうずなつかい方を今から学んでおけば、未来の可能性が広がるよ。

お金のつかい方を知らないと……

ほしいものばかり買ってお金がなくなったり、貯金するためにガマンしすぎて今が楽しくなくなったりするかもしれないね。

お金のつかい方を知れば……

自分でコントロールできるお金をやりくりして、今やりたいことをガマンせずに楽しんだり、将来のために貯金したりもできるよ。

本当にほしいものがわかる

お金のじょうずなつかい方っていうのは、たくさん貯金をすることじゃないよ。つかうのも貯めるのも、バランスよくできるってことなんだ。

毎月つかう金額や貯める金額を決めて、その中でじょうずにやりくりしていこう。ひと目見て「ほしい！」と思ったものが、じつはいらないものだった、ということもあるかもしれない。それじゃあ、もったいないよね。

お金のつかい方を身につければ、自然と「本当にほしいものかな？」と、よく考えてから買うようになるよ。

お金のつかい方を知らないと……

その場のほしいという気もちだけで買うと、すぐにいらなくなったり大切にできなくてこわしてしまったりして、お金がムダになる。

お金のつかい方を知れば……

本当にほしいものや今必要なものがはっきりするから、長い間大切にできる。本当にほしいもののために、がんばることができる。

18歳になるとお金のつかい方が広がる

18歳になって成人すると、クレジットカードをつくれたりスマホを契約できるようになったりして、お金をつかう方法がふえるよ。その分、誘惑もふえるからこそ、お金のじょうずなつかい方を知ってトラブルを防ごう！

お金のつかい方で身につく5つの「生きる力」

1 計画する力

おこづかいをもらったら「何につかおうか」「どれくらい貯金をしようか」って考えるよね。これをしっかり行うのが、計画するってことなんだ。「計画する力」が身につけば、目標をクリアするために何が必要かも判断できるようになるね。

2 解決する力

おうちの人が決めたおこづかいのルールや金額は、きみに合わないと感じることがあるかもしれない。そんなときは、まず「自分がどうしたいのか」「相手はどうしてほしいと思っているのか」を考えて、おたがいが納得できるように話しあおう。話しあいで問題を「解決する力」は、友だち関係でも将来の仕事でも、きっと役に立つよ。

3 交渉する力

進級や進学などで環境がかわって「今までのおこづかいじゃ足りない！」と感じることもあるはず。そんなときは、おこづかいアップの交渉をしてみよう。「おこづかいを上げてほしい！」と伝えるだけじゃなく、相手がそれを納得できる理由も考えることが大切。「交渉する力」がきたえられるよ。

4 調べる力

同じ商品でも、お店によって値段がちがうものがあるよね。限られたおこづかいの中で手に入れるためには、安いものを選ぶことも必要なんだ。けれど、どのお店が安いかは調べないとわからないよね。「調べる力」は、お金をじょうずにやりくりするためにも身につけておいたほうがいい力なんだ。

5 工夫する力

ほしいものがどうしても手に入らないときもあるはず。そんなときはどうする？　ちがうものがかわりになるか考えたり、今あるもので手づくりしてみたり……さまざまなアイディアが思いつくはず。できることの中で「工夫する力」は、自分ができることの可能性を広げるきっかけになるよ。

きみにはどんなお金のつかい方が合っているかな？

お金のつかい方タイプ別診断

Aから Dまでのチェックリストの中から当てはまるものをチェックしよう。チェックの数が多いリストから、きみのタイプがわかるよ。チェックの数が同じリストがあったら、それらのどのタイプのアドバイスも有効だよ。

リストA

- [ ] 何ごとも迷わず、思いきりやってみる。
- [ ] ほしいもの、やりたいことがたくさんある。
- [ ] 計画しなくてもなんとかなる。
- [ ] 新しいものが好き。
- [ ] SNSに友だちがたくさんいる。

このリストのチェックが多い人は
18ページへ

リストB

- [ ] ひとりより、みんなで行動するほうが楽しい。
- [ ] 友だちからさそわれたら、基本的に断らない。
- [ ] だれかにプレゼントをするのが好き。
- [ ] 人の意見をよく聞くほうだと思う。
- [ ] SNSを見るのが好き。

このリストのチェックが多い人は
19ページへ

リストC

- □ 考えごとをするのは得意なほうだ。
- □ 長く続けている趣味や習いごとがある。
- □ なにごとも、失敗しないよう気を配っている。
- □ 失敗したときのことも、ちゃんと考えている。
- □ テストのとき、答えを何度も確認する。

このリストのチェックが多い人は
20ページへ

診断結果が、
自分で思っていたイメージと
ちがうこともあるかも？
人のタイプは環境や経験で
かわっていくものだから、
「今日の自分はこのタイプなんだな」
と思って読んでみてね。
自分以外のタイプの
お金のつかい方を見てみるのも、
新しい発見があって
おもしろいかも！

リストD

- □ なにかをするとき、効果や効率を意識できる。
- □ 自分で決めたルールはきちんと守る。
- □ 計算するのは得意なほうだと思う。
- □ 友だちと一緒じゃなくても気にならない。
- □ 行動する前に予定を立てるのは得意。

このリストのチェックが多い人は
21ページへ

Aタイプのきみは……

あれもこれも全部買っちゃおう！

アクティブさんタイプ

やりたいことに一直線のエネルギッシュな性格。気もちのままにお金をつかうタイプだよ。

よいところ

- やりたいことやほしいものがはっきりしている。
- お金をつかうことに迷いがない。
- 自分のためにお金がつかえる。

こんな「お金の失敗」しちゃうかも？

- ほしいと思ったらすぐに買っちゃうので、お金が足りなくなりがち。
- 買いもの自体が好きで、お店に入ったらなんとなく買っちゃう。
- 興味がないものでも、トレンドなら買って、SNSで紹介しちゃう。
- 買ったものを、あまり大事にしないことも……？

Bタイプのきみは……

おそろい大好き！　みんなのためにつかいたい

気くばりさんタイプ

家族や友だちにいつも気を配れる心やさしい性格。まわりの意見をよく聞くタイプだよ。

よいところ

- 協調性がある。
- 友だちやSNSから情報を集めるのが得意。
- だれかのためにお金がつかえる。

こんな「お金の失敗」しちゃうかも？

- お金のつかい道やつかい方をまわりの意見で決めてしまう。
- 友だちに誘われると、ほしくないものでも買ってしまうことも。
- SNSで人気のものは、とりあえず買ってみる。
- プレゼントやおみやげにお金をつかって、自分のためのお金が不足しがち。

Cタイプのきみは……

「本当にいいもの」のためならガマンもできる

慎重さんタイプ

じっくり考えてから行動するまじめな性格。行動にうつすまで時間がかかることもあるけど、しっかりやりとげる。

よいところ

- ほしいものをじっくり考えて決めることができる。
- コツコツと努力を積みかさねられる。
- 先のことまで考えられる。
- 自分の気もちを大切にできる。

こんな「お金の失敗」しちゃうかも？

- 将来のことを考えすぎてお金がつかえない。
- 迷いすぎて買うタイミングをのがしてしまうことも。
- ほしいものがあっても、ついガマンしてしまう。

Dタイプのきみは……

節約・貯金は得意技！　お金をつかうより楽しい!?

やりくりさんタイプ

自分の考えをしっかりもった、まっすぐな性格。意志が強すぎて、ガンコに見られることも？

よいところ

- 自分の考えをしっかりもっている。
- 計算が得意。
- お金をふやすのが好き。
- 節約しようという気もちが強い。

こんな「お金の失敗」しちゃうかも?

- 貯めること自体が目標になって、お金をつかえない。
- 自分のためにも、だれかのためにもお金をつかわない。
- 安さやお得さにこだわりすぎて、本当にほしいものが分からなくなることがある。

5つ目のタイプは……

みんなはどのタイプだった?
じつは 診断にはなかった
もうひとつのタイプがあるよ
それはね……

お金貯まらない!!
友だちにつられてつかっちゃった
あれがほしいけど……
お金つかうのもったいない!
えっ!!
お金はつかうのも貯めるのもほどほどがイチバン!
こっちよ!
バランスさんを参考に みんなも自分らしいお金のつかい方を考えていきましょう!

「つかう」と「貯める」のメリハリが大切！

バランスさんタイプ

バランスのよいお金のつかい方ができるタイプ。「つかうべきとき」と「貯めるべきとき」をしっかり判断できるよ。

よいところ

- お金をつかうのも貯めるのも好き。
- その場、そのときに必要なお金をつかえる。
- 将来のことも考えられる。
- お金をつかうのも貯めるのもふやすのも、しっかり勉強してから実行できる。

バランスさんの「お金のつかい方」

- 計画を立ててから、お金のつかい道を決める。
- 目標を達成するまで、ムダづかいをガマンできる。
- 自分のためにも、ほかの人のためにも、気もちよくお金をつかえる。
- ときどきムダづかいもするけど、「貯める」とのバランスがとれる。
- 自分が楽しく幸せにくらすために、お金をつかったり貯めたりできる。

私たちとお金の関わり方

6つの関わり方を知ろう

生活していくうえで、お金との関わり方は6つの種類に分けられるよ。この本では、子どもでもできる「つかう」と「貯める」を中心に解説しているけど、大人になれば「守る・備える」「ふやす」「借りる」「かせぐ（働く）」も関わってくるね。この6つの関わり方それぞれを、うまくできる方法を考えていこう。

1 つかう

必要なものやほしいものを手に入れるためにお金をつかうよ。いちばん基本の関わり方だね。大人になると、税金を納めたり寄付をしたりするために、お金をつかうこともあるよ。

2 貯める

高額な買いものをしたくなったときのために、お金をつかわないで貯金をするよ。「これを買うため」というつかい道がなくても、将来のためにお金を貯めておくことは、ムダにならないね。

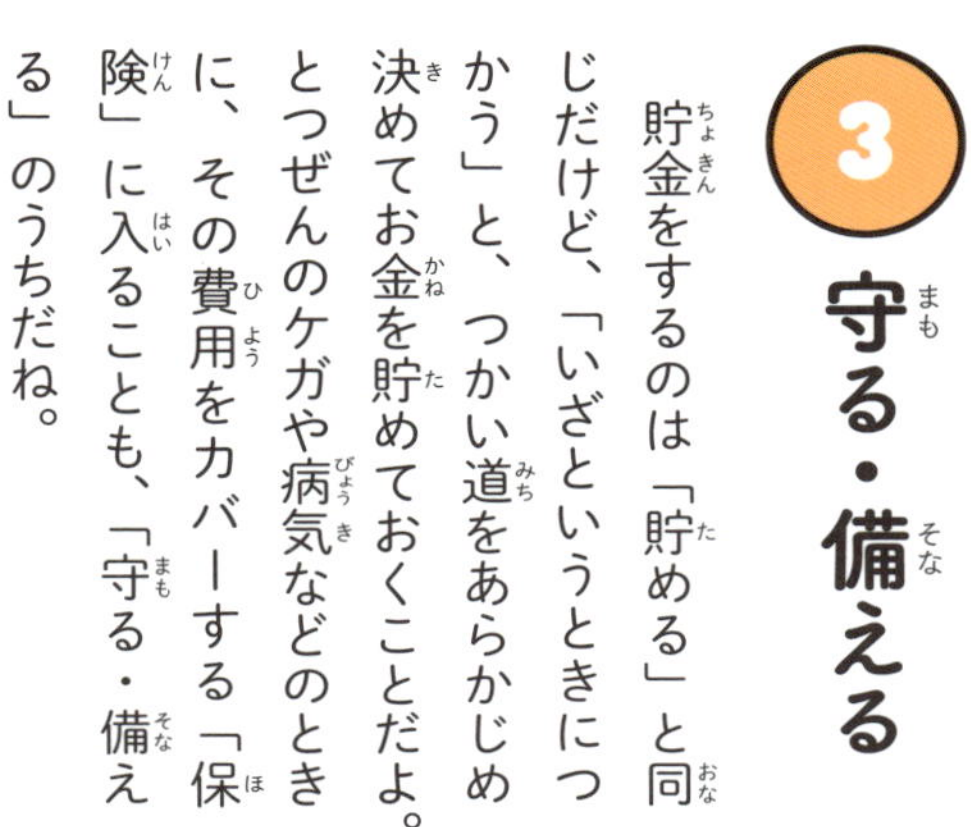

③ 守る・備える

貯金をするのは「貯める」と同じだけど、「いざというときにつかう」と、つかい道をあらかじめ決めてお金を貯めておくことだよ。とつぜんのケガや病気などのときに、その費用をカバーする「保険」に入ることも、「守る・備える」のうちだね。

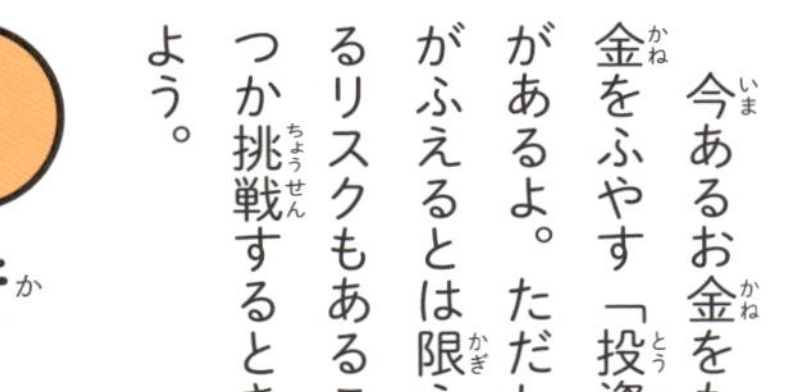

④ ふやす

今あるお金をもとに将来的にお金をふやす「投資」というしくみがあるよ。ただし、かならずお金がふえるとは限らない。お金がへるリスクもあることを知って、いつか挑戦するときのために勉強しよう。

⑤ 借りる

「ローン」や「後払い」など、一時的に足りないお金を借りて、そのお金で必要なものを手に入れるよ。もちろん、借りたお金はかならず返すこと。

⑥ かせぐ（働く）

基本的には、働くことでお金をかせぐよ。かせいだお金で、「つかう」「貯める」「守る・備える」「ふやす」ことができるんだね。

COLUMN 1

お金はどこでつくられる？

お金ってどこでつくっているんだろう？ じつは紙幣（お札）と貨幣（10円玉などの硬貨）では、発行しているところがちがうんだ。

紙幣の発行は「日本銀行」

日本の紙幣は、正式には「日本銀行券」といって、国の中央銀行である「日本銀行」が発行しているよ。日本銀行が紙幣の発行を決めると、「国立印刷局」という役所がデザインや印刷をして日本銀行におさめるんだ。そこから、一般の銀行などに預けられて、世の中に流通するよ。日本銀行については、119ページも見てね。

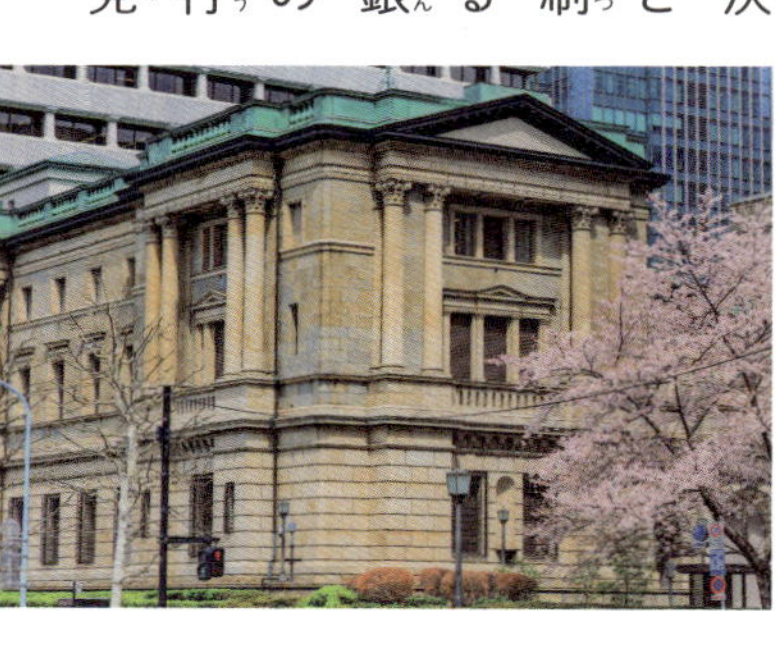

貨幣の発行は「日本政府」

貨幣は、「日本政府」が発行しているよ。日本政府は、硬貨をどのくらいつくるか、いつつくるかを決める権利をもっているんだ。

硬貨の発行が決まると、日本政府は「造幣局」という役所に注文して硬貨を製造させ、それを一度日本銀行にわたすよ。日本銀行は、その硬貨を一般の銀行へ配って、そこから社会へ流通させるんだ。

お金(かね)のつかい方(かた)を知(し)ろう

知っておきたい 1

アクティブさんの場合

おうちの人に買ってほしい!

おうちの人とのお出かけ中にほしいものを見つけてしまったら、どうする? タイプ別に見ていこう。

「ほしい！」の気もちを分析してみよう

「ほしい！」という気もちは大切だけど、おうちの人に買ってもらうなら、どれくらいのお金を払うのかも考えてみよう。ほしいかほしくないかだけではなく「いくらするのか」、「そのお金でほかになにが買えるのか」、「それだけのお金を払ってもほしいか」など、ほしい気もちとものの値段のバランスを考えるんだ。アクティブさんは、ものの値段と自分の気もちを知れば、かんたんに「ほしい！」といえなくなるかも？

気くばりさん

ほしいものがあっても自分からはいわない。けど「なにかほしい？」って聞かれたら、よろこんじゃうかも。どれくらいほしいのか、今ほしい理由はどんなものか、考えてみよう。

やりくりさん

おうちの人に買ってもらえるものでも「お金がもったいない」と思ってしまいがち。人生には、そのときにしか買えないものやサービスがあるので、それを見逃さないで！

慎重さん

おうちの人に「ほしいの？」って聞かれても「いらない」か、「自分のおこづかいでかうからだいじょうぶ」って言っちゃいそう。そのお金をほかにつかうとしたらなにができるかを想像してみて。

ものの値段を知ろう

ここからは、ものの値段について考えてみよう。たとえば学校へ行くときや勉強するとき、おうちでおやつを食べるときなど、ふだんのくらしの中で身のまわりにあるものは、全部お金がかかっているよ。ものには「だいたいの値段」があるので、ふだんつかっているもののだいたいの値段を知れば、お金の大切さがわかるかも！

実際にお店をながめてみてもいいね！

※このページで紹介している「だいたいの値段」は、総務省統計局による「小売物価統計調査」にもとづき、編集部で独自に調査（2024年9月時点）したものです。

「だいたいの値段」を知っておこう

文房具や服、ごはん……身のまわりにあるものには、どれも値段がついているよ。それぞれのものの、だいたいの値段を知っておくのは、自分が納得できる買いものをするのに役立つんだ。

電気や水など、当たり前につかっているものにも、値段がついていることがあるから、おうちの人といっしょに調べてみよう。

電気ってタダじゃ
なかったのか
つけっぱなしに
しちゃってた……

こんなものにもお金がかかっている！

水

地域の水を管理する役所の「水道局」がつかった量を点検しているよ。つかった分のお金を、あとから水道局に払うんだ。

給食

給食をつくるのにかかるお金の一部をおうちの人が払っているよ。地域によってはそのお金を役所が払ってくれるところもあるよ。

救急車

よぶお金は税金（122ページ）でまかなわれているよ。緊急性がない場合には、よんだ人が一定の料金を払う地域もあるんだ。

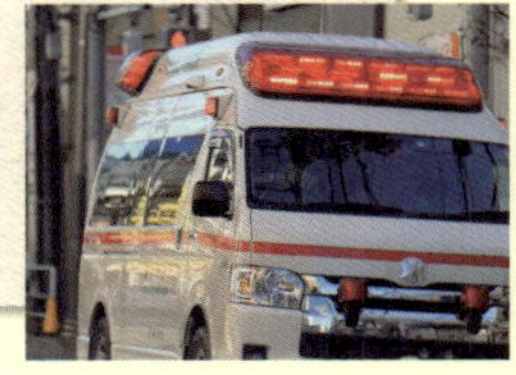

公園

みんなが安全に遊べるように、地域の人や役所が、遊具の整備など管理をしているよ。その費用は税金でまかなわれているんだ。

値段の決め方を知ろう

ものやサービスの値段ってどうやって決まるんだろう？　値段を決めるには「需要と供給」と「原価」というふたつのことを考える必要があるよ。このふたつは、どちらか片方ではなく両方が、値段を決めるときの基準になるんだ。ひとつひとつ見ながら、決め方を知っていこう。

決め方① 需要と供給

売りたい人とほしい人のバランスを考える

値段を決める基準のひとつに「需要」と「供給」があるよ。需要は「その商品をほしいと思うこと」で、供給は「その商品を売りたいと思うこと」という意味。このバランスがとれるように、ものの値段がつけられているんだ。

その商品をほしい人が多いと値段は高くなるし、ほしい人が少ないと値段は安くなるってことだね。需要と供給のバランスがとれた状態のときの値段が「ちょうどいい値段」になるよ。

● 需要が少なくて供給が多い
→値段は下がる

● 需要が多くて供給が少ない
→値段は上がる

決め方② 原価

ものをつくる費用を考える

ものづくりには、材料費だけでなく、つくる人やできたものを運ぶ人へ払うお金など、いろいろなお金がかかるよね。それらのお金を「原価」というよ。原価よりも安い値段で売ると、もうけである「利益」がなくなってしまうから、ものづくりを続けられない。だから、原価を下まわらない値段をつける必要があるんだね。

同じものでも値段がかわる？

同じ商品でも、売る場所やタイミングによって値段がかわることがあるよ。たとえば、土曜日や日曜日は家族でお出かけをする人がふえて需要が高くなるから、テーマパークの入園料やホテルの宿泊代が高くなるんだ。

- **同じ自動販売機でも山の上のほうが値段が高いよ。需要が高いし、運ぶ費用もかかるからなんだ。**

知っておきたい 2

予定にない買いもの

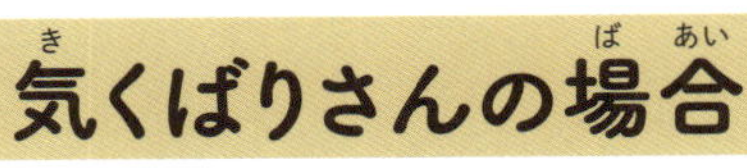

気くばりさんの場合

友だちと遊んでいて、なにかを買おうとさそわれることがあるかも。そんなとき、きみならどうする？

自分にとっての「価値」を見なおそう

友だちに買いものをさそわれたとき、買うか買わないか、どちらが正解ということはないよ。大切なのは、それが本当にほしいものか、ムダづかいかを判断すること。

気くばりさんは、友だちとおそろいであることに「価値」を感じることが多そう。それもよいことだけど、本当に自分がほしいもののためにお金をつかうのも大切。

急な買いものは、自分にとって「価値があるもの」はなにか、見なおしてみるチャンスだよ。

アクティブさん

ノリで買いものをして、あとから「別にほしくなかったな」と思うことも多そう。これまで買ってムダにしたものと、お気に入りになったものとで、ちがうところを探してみよう。

やりくりさん

友だちみんなが買っても、お金がもったいない！　と買わないタイプ。もちろん節約も大事だけど、たまには友だちとの思い出づくりにお金をつかうのもアリかも？

慎重さん

「本当に買っていいのかな？」となやむうちに売り切れちゃって、後悔するかも。「自分にとって価値のあるものにお金をつかう」練習をしてみよう。

「消費」と「浪費」のちがいを知ろう

ひと口に「お金をつかう」といっても、つかうお金は2種類に分けられるよ。それは「消費」と「浪費」。どちらもお金をつかうことを意味する言葉だけど、「なんのためにつかうか」がちがうんだ。消費はくらしていくために大切なこと、浪費はあまりしない方がいいこと、とおぼえておこう。

見分ける方法ってあるのかな?

知りたい① 消費

自分にとって価値があることにつかうお金

消費は、今の自分が必要なものや、満足するもののためにお金をつかうこと。

たとえば、おかしを買えばおいしく味わえるし、家族に誕生日プレゼントを買ってよろこんでもらえば自分の気もちが満たされるよね。「自分にとってお金をつかった分の価値がある」と感じられるのが「消費」なんだ。

毎日着る服を買う費用やスマホをつかうための通信費、家に住むための家賃など、生活に必要なお金も消費にふくまれるよ。

ごはんを買うのもりっぱな消費!

知りたい②
浪費

満足できずに必要以上につかうお金

浪費は、いわゆる「ムダづかい」。消費と同じものを買っても、自分が満足できなかったり役立てることができなかったりして、必要以上にお金をつかうことをいうんだ。家にたくさんペンがあるのに、「かわいい！」というだけの理由で新しいペンを買ったら、これは浪費になるね。

浪費グセチェックリスト

浪費がクセになると、大人になってもなかなかやめられなくなっちゃうかも……!? 左の項目のうち、半分以上にチェックが入ったら、浪費グセに注意だよ！

- □買いものをすること自体が好き
- □「セール」「限定品」のものをつい買っちゃう
- □百円均一ショップに行ってなにも買わないのはもったいない
- □友だちがもっているものはほしくなる
- □いくらお金をつかったか分からなくなるときがある

「自己投資」とは？

今の自分の満足のためにお金をつかう「消費」に対して、将来の自分の満足のためにお金をつかうこと。

学習塾や習いごとにかける費用や、将来の自分に役立つものを買うことも自己投資にふくまれるよ。

お金のつかい道が分からない？

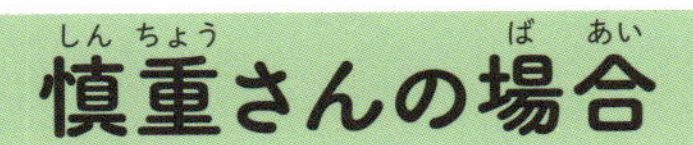

お金が手に入ったとき、人によっては、つかい道に迷ってしまうということもあるかも？

「必要なもの」と「ほしいもの」を見きわめよう

お金は、つかうことと貯めることのバランスが大切。とにかく貯金すればいい、というわけではないよ。迷ったときには、つかい道を「必要なもの」と「ほしいもの」に分けてみよう。ふだんのおこづかいは必要なものに、予定外のおこづかいはほしいものにつかうなど、決めておくのもいいね。

　慎重さんには「お金をつかう」ことの練習が必要かも。文房具や自分の服などの「ムダにならない、必要なもの」を買ってみよう。

アクティブさん

ほしいものに全部つかっちゃう！予定外のおこづかいをもらったときは、とくにそうなりやすいから、ふだんから目についたものを必要なものとほしいものに分ける練習をしておこう。

気くばりさん

友だちのためにいつもより高いおかしをプレゼントしちゃいそう。「予定外のおこづかいは自分のほしいもののためにつかう」など、つかい道に「しばり」をつけておくといいかも。

やりくりさん

もらったお金は、全額貯金しちゃいがち。貯金も大事だけど、必要なものにお金をつかうことも大切だよ。お金をつかう「練習」だと思って、自分に必要なのに足りていないものを買ってみよう。

「ニーズ」と「ウォンツ」の優先順位

自分にとって必要なものを「ニーズ」、ほしいものを「ウォンツ」とよんだりするよ。呼び名をつけることで、なにかを買おうとするときに「必要だから買う」のか「ほしいから買う」のかが、はっきりと意識できるようになるんだ。このふたつを分けて考えることが、37ページで紹介した「浪費」をしないための第一歩だよ。

まず「ニーズ」、それから「ウォンツ」の順に

買いものをするときの優先順位は、まず「ニーズ」、次に「ウォンツ」という順番にするといいよ。ニーズは必要なもの。学校でつかうえんぴつや消しゴム、毎日はくくつはニーズだね。ウォンツは必要ではないけれどほしいもの。ゲームやマンガ、カプセルトイはウォンツになることが多いね。

お金をつかうときは、ニーズのものから買っていけば、ムダづかいをへらせるね！

ニーズか？ウォンツか？チェックしてみよう

まずは、ほしいものをリストアップして、左の項目をチェックしてみよう。
チェックが多ければニーズ、少なければウォンツだよ。

- □学校でつかうものだ
- □今すぐ必要なものだ
- □同じものをもっていない
- □かわりにつかえるものがない
- □こわれるまでつかえる
- □1週間たってもほしいと思える
- □将来役に立つ

どちらか考えてみよう！

左のお金のつかい方が、ニーズかウォンツかチェックしてみよう！

●SNSでバズっているペンを発見！　ペンケースに同じようなペンが入っているけど、かわいいから買っちゃおう！
□ニーズ／□ウォンツ

●お出かけしているときに、水とうの中身がなくなっちゃった！近くの自動販売機で、のみものを買おう！
□ニーズ／□ウォンツ

ウォンツのものを買うことが悪いことではないよ
どうしたらウォンツのものを買えるか考えてみてね
ウォンツの中でも優先順位をつけて
優先度が高いものが買えるように
おこづかいをやりくりしましょう

スマートフォンでの買いもの！

インターネットでの買いものは、便利だよね。でも、気をつけなければいけないことも……。

やりくりさんの場合

データのお金「キャッシュレス決済」を知ろう

硬貨や紙幣などの「現金」をつかわない買いものを「キャッシュレス決済」というよ。キャッシュレス決済は「データ上のお金」をつかった買いもの。買う人と売る人とのあいだで、お金をつかったという「情報」をやりとりしているんだね。

キャッシュレス決済は便利だけど、どれくらいつかったかが分かりにくいから、ムダづかいしやすいという点に注意が必要。

買いものにもつかえる「ポイント」が貯まってお得なこともあるけど、やりくりさんはポイントが貯まるのがうれしくて、ふだんなら買わないようなものまで買ってしまうかも。スマホやインターネットの買いものでも「つかうお金はかわらない」ことをわすれないで。

アクティブさん

支払いがかんたんにできるから、ふだん以上に買いすぎてしまうかも。キャッシュレス決済の支払い方法はいろいろあるから、決まった金額だけつかえるような方法を選ぼう。

気くばりさん

「紹介キャンペーン」などで友だちにすすめられたアプリをダウンロードして、そのままなんてことになりがち。つかわないアプリはトラブルのもとになることもあるので、削除してしまってもいいかも。

慎重さん

目に見えないキャッシュレスがなんとなく信用できずに、うまくつかえないかも。じょうずにつかえばお得なこともあるので、まずはしくみや便利な点と不便な点を知っておこう。

支払い方法を知ろう

ひと口にキャッシュレス決済といっても、いろいろな支払い方があるよ。

キャッシュレス決済の代表的な支払い方法は3種類。支払い方法によって、便利な点、気をつけなければいけない点がちがうんだ。大人になってからでないとつかえない支払い方法もあるけど、今のうちからそれぞれの特ちょうを知っておこう。

お金のつかい方も予習が大切！

前払い？ 後払い？ 支払うタイミングのちがい

キャッシュレス決済は新しい買いものの形で、弱点もあるけど、つかいこなせばとても便利。専用の家計簿アプリと組みあわせれば、つかったお金の管理もできるよ。

支払い方は、電子マネーなどの「前払いタイプ」、デビットカードなどの「即時払いタイプ」、クレジットカードなどの「後払いタイプ」の3種類。

それぞれちがうカードやアプリが必要だから、どの方法ならうまくつかいこなせるか、おうちの人と相談してみよう。

キャッシュレス決済の弱点……

便利なキャッシュレス決済だけど弱点もあるよ。

- **お金をつかったという感覚がないから、つかいすぎてしまうことが多い。**
- **データを読みとる機械が必要なので、機械を設置していないお店ではつかえない。**
- **災害などで電気がとまってしまうとつかえない。**

キャッシュレス決済の支払い方法

① 前払い

先にカードにお金を「電子マネー」としてチャージ（入金）して、つかうたびにチャージ額がへっていくもの。ＪＲなど交通系の会社がサービスの提供をしているもの（Suica、ICOCA、PASMOなど）と、コンビニなどの流通系の企業がサービスの提供をしているもの（nanaco、waonなど）があるよ。図書カードや商品券も前払いタイプにふくまれるね。

② 即時払い

あらかじめ自分の銀行口座を登録しておく「デビットカード」というカードがあるよ。つかうと同時に、登録した銀行口座からお金が引き落とされるんだ。銀行口座にお金がない場合は、支払いができないよ。15歳以上（中学生を除く）になると、自分のデビットカードがつくれるんだ。

③ 後払い

「クレジットカード」などでできる支払い方法で、つかった分のお金があとで登録した銀行口座から引き落とされるよ。支払いを何回かに分けてすることもできる。カードをつくるには審査が必要なので、つかうのは大人になってからだね。

スマートフォン決済って？

スマホでもキャッシュレス決済ができて、アプリや設定によって前払い、即時払い、後払いが選べるよ。PayPayやｄ払いなどのＱＲコードタイプ、Apple Payなどの非接触タイプがあるよ。

「個人情報」に注意！

キャッシュレス決済の中には、名前や住所などの「個人情報」の登録が必要なものがあるんだ。カードやアプリから個人情報を盗まれたら悪用されてしまうかもしれないから、現金以上に取りあつかいには注意しよう。

アクティブさんの場合

SNSでお金をやりとり!?

インターネットでつながった人に、「買います」や「売ります」と、お金のやりとりをもちかけられたら!?

お金のやりとりはトラブルのもと！

お金は大切、だからこそ、トラブルや犯罪につながってしまうことがあるよ。SNSで知らない人とつながれる現代は、お金をめぐるトラブルも多様になっているね。

ほしいものを手に入れるチャンスには迷わないアクティブさんは、トラブルや犯罪にまきこまれないよう、とくに注意が必要。絶対におうちの人に相談してから！

「お金のやりとりは、まずおうちの人に相談」というルールをつくっておくことが、自分だけじゃなくまわりの人たちを守ることにもなるよ。

気くばりさん

友だちに「後で払うから買っておいて」といわれるとお金を払ってしまうかも。相手が友だちでも、お金の貸し借りは友情にヒビが入るもとになるよ。その場で断りづらいときは、後からおうちの人に相談してみて。

慎重さん

知らない人とのお金のやりとりは、自分から避けることができそう。友だちにお金の相談をされたときにもうまく対処できるように、あらかじめおうちの人と「どう断るか？」を決めておこう。

やりくりさん

「公式チケットより安く買える！」などの情報を見つけると気もちが動いてしまいそう。相手が信用できる人かどうかを見きわめるのはむずかしいので、お店もサービスも「公式」をつかうようにしよう。

お金の大切さを学ぼう

お金のやりとりがトラブルや犯罪につながるのは、お金が現代社会を生きていくうえでとても大切なものだから。働いて自分でお金をかせぐようになると自然とその大切さを実感できるはずだけど、今のうちからお金の大切さを知っておくのは決してムダなことじゃないよ。

自分では解決できないトラブルにまきこまれてしまわないためにも、じょうずなお金のつかい方を身につけるためにも、改めてお金の大切さについて考えてみよう。

お金を大切にすると危険から身を守れる

自分のおこづかいだからってお金を好き勝手につかっていいわけじゃないよ。たとえば、友だちから「お金を貸して」といわれて貸したけど返ってこなかったり、スマホのゲームアプリにハマってつぎつぎに課金アイテムを手に入れたらとんでもない金額になっていたり……。おうちの人に迷惑をかけちゃうこともあるかもしれないね。お金の大切さを理解して、お金とじょうずにつき合っていけば、きっと大きなトラブルもさけられるはずだよ！

お金の大切さを知らないまま大人になると……

軽い気もちで勉強せずにもうけ話に大金をつぎ込んで、とんでもない額の損をしてしまうかも……？　大人になってから大きな失敗をしないように、幸せなお金のつかい方ができるように、子どものうちからおこづかいで練習しておこう。

「お金の知識」と「モラル」をセットでおぼえよう

お金のことを学ぶときには、「モラル」もセットで学ぶ必要があるよ。モラルとは「正しいこととまちがったことを判断する基準」のこと。

モラルを身につけておかないと、幸せなお金のつかい方はできないよ。どんな手段をつかってもお金がふえればいいと思うようになり、家族や友だちとの関係もわるくなってしまう人もいるんだ。

お金は信用があってこそつかえるもの！信用を失わないためにもモラルが大事！

お金をつかう前に考えよう！

トラブルや犯罪に巻きこまれないように、左のリストにあるポイントをチェックする習慣をつけよう。こまったときは、迷わずおうちの人に相談してね。

- □信用できるところで買おうとしている？
- □おこづかいから支払っている？
- □勝手におうちの人のお金やものをつかっていない？
- □今までいくらつかったか確認している？
- □お金を貸そうとしていない？
- □お金を借りようとしていない？
- □友だちやSNSの情報が正しいか確認した？
- □友だちからこまったたのみごとをされていない？

トラブルにあったらここに相談！

お金のトラブルに巻きこまれたときに、電話で相談できる窓口もあるよ。この番号に電話すると、住んでいる地域の消費生活センターや消費生活相談窓口を案内してくれるんだ。おうちの人といっしょに覚えておこう。

消費者ホットライン（全国共通番号）
188（いやや！）

本当にあった!?

お金にまつわるトラブル

お金のトラブルは多種多様!
実際にあったトラブルを知って
そんなことにならないよう
対策しましょう!

トラブル① 友だちに見栄をはって大量課金!

おうちの人と「1か月500円まで」と課金する金額を決めて、オンラインゲームを楽しんでいた小学5年生のAさん。ある日、友だち数人とそのゲームを楽しんでいるときに、見栄をはってしまい「アイテム買ってやるよ!」とおごることに。決められた金額を大きくこえて3000円も課金してしまった……。

先生からのアドバイス

お金のやりとりはダメ!

子どもでもおとなでも、お金を貸し借りしたりおごったりするのは、トラブルにつながるよ。小さな金額でも、しないようにね。こまったときは、ひとりでなやまずに、おうちの人や学校の先生に相談しよう!

トラブル②　「無料」につられて個人情報流出！

「無料」と書いてあるものは、アプリでもアイテムでも「無料だからいいじゃん！」と、どんどんダウンロードする小学4年生のBさん。あるアプリをダウンロードをするときに入力した名前とメールアドレスが不正につかわれてしまったらしく、大量の迷惑メールが届くように……。

無料でつかえるなら
お得だと思ったけど
知らないメールがたくさん
くるようになったら
イヤだな……

先生からの
アドバイス

「無料」には注意が必要！

無料で提供されるサービスには、無料にできるだけの理由があるよ。個人情報を登録しなければならないサービスの中には、その情報がきちんと管理されなかったり、別の目的につかわれてしまう場合もあるの！「無料」にはリスクもあることをおぼえておいてね。

トラブル③　まちがった情報を信じて高額請求が！

おうちの人のスマホで、ゲームアプリをプレイしていた小学6年生のCさん。「課金は禁止」というルールだったのに、おうちの人が利用履歴を見ると、3万円も課金していることが発覚！　Cさんは、友だちから「キャリア決済を選べば、お金がかからない」というまちがった情報を聞き、無料だと思っていた……。

先生からの
アドバイス

おうちの人に確認してもらおう！

友だち同士でお金についての情報を交換したときは、それが本当かどうかおうちの人に確認してみよう。友だちがかんちがいしていることもあるし、自分もまちがった知識を伝えているかもしれないよ。

トラブル④　万引きしたゲームを転売!?

友だちと遊ぶのに、おこづかいが足りなくてこまっていた中学1年生のDさん。ゲームショップでゲームソフトをぬすんでリサイクルショップで売り、遊ぶお金を手に入れようとした。買いとりには年齢制限があり売れなかったうえ、ゲームソフトをぬすんだことが発覚して警察が関わることに……。

ばれなければいいって
思っちゃったのかな……
でも結局売れないし
いいことなんて
ひとつもないよね……

先生からのアドバイス

万引きは犯罪!　ゼッタイにダメ!

ものをぬすむのは犯罪、絶対にしてはいけないこと。たとえ小さな金額だとしても、罪の重さはかわらないよ。友だちにさそわれても断ってね。

COLUMN 2

もっと知りたい！お金のつかい方

最近、「地球環境や人、社会にやさしいお金のつかい方」が注目を集めているよ。新しいお金のつかい方を見てみよう。

エシカル消費ってなんだろう？

エシカル消費とは、「地球環境や人権などの問題解決に取りくむ企業を応援するために、その企業の商品を買う」ということ。国連で採択された持続可能な開発目標（SDGs）の17のゴールのうち、ゴール12「つくる責任　つかう責任」に関連する取りくみだよ。

エシカル消費を意識すると、きみが買ったものがだれかの助けになるかもしれないね。

いろいろなエシカル消費

① フェアトレード

働いている人が健康な状態でいられて、きちんと給料が支払われる環境でつくられ、なおかつ適正な価格の取りひきで売られている商品。

② 地産地消

「その土地でとれた農産物や水産物を、その土地で消費する」という考え方。ほかの地域へ運ぶときの環境負荷が少なくなるんだ。

③ 寄付つき商品

商品の売り上げの一部が、環境の保護や発展途上国の子ども支援といった、社会貢献活動のために寄付されるんだ。

④ リサイクル

いらないものを資源にもどしてから新しい製品にすることで、ごみをへらしたり資源を節約したりする取りくみだよ。

Part 3

かしこくお金をつかってみよう

おこづかいのルール

かしこくお金をつかえるようになるために、いちばん身近なお金である「おこづかい」について考えてみよう。

1 もらい方を決めよう

おこづかいのもらい方には、大きく分けて3つあるんだ。毎月同じ金額をもらう「定額制」、おてつだいをしてお金をもらう「報酬制」、定額制と報酬制を組みあわせた「ハイブリッド制」の3つだよ。

それぞれのよいところと気をつけたいところを見比べながら「自分のおこづかいのもらい方を自分で決めたい」と、おうちの人に相談してみよう。

もらい方① 定額制

「毎月1000円」など、一定期間ごとに決められた金額をもらえるよ。いつどれくらいのお金が手に入るかわかるから、管理がしやすいね。金額の決め方は、59ページを見よう。

よいところ

- 毎月のおこづかいを何につかうか、計画を立てやすい
- 毎月のおこづかいから決まった金額を貯金できる

気をつけたいところ

- つかいすぎても追加のお金はもらえない
- なにもしなくてもお金をもらえるので、おてつだいをたのまれても、やらなくなってしまう人も……

もらい方② 報酬制

「報酬」は仕事をした分だけもらえるお金のこと。「食器の片づけ1回30円」、「おふろそうじ1回50円」など、おてつだいをするごとに、あらかじめおうちの人と決めておいた金額がもらえるんだ。

よいところ

- おてつだいをするたびにお金がもらえるから、やる気アップ!
- お金をもらうことのたいへんさを実感して、お金を大切にするようになる

気をつけたいところ

- おてつだいをさぼると、おこづかいがもらえない
- お金をもらえないことは、やりたくなくなる

報酬制のときのおてつだいの決め方

① どんなおてつだいをする?
おふろそうじ、洗濯物の片づけ、ペットの世話……おうちの仕事はいっぱいある。おうちの人と相談しながら何を「報酬」の対象にするかを決めよう。

② 金額はどうする?
「1回30円」とすべて同じ金額にするか、「おふろそうじ50円」、「洗濯物の片づけ20円」など仕事によって金額をかえるかを決めよう。

③ いつおてつだいをする?
気分によっておてつだいをする日としない日があると、おうちの人がこまってしまうよね。「毎日する」、「毎週日曜日にする」など、いつするかを決めておくといいよ。

もらい方③

ハイブリッド制（定額制＋報酬制）

定額制と報酬制、両方の特ちょうをとり入れて、一定の期間ごとに決まった金額をもらいながら、おてつだいをした分のお金がもらえるやり方だよ。

よいところ

- 期間ごとにもらうお金のつかい道を決めやすい
- おてつだいのがんばりしだいで、おこづかいをたくさんもらえる

気をつけたいところ

- 「おてつだいをすればいいや」とムダづかいをしてしまうことがある
- 反対に、期間ごとにもらう金額で満足して、おてつだいをさぼってしまう

ひとつの「正解」はないから
まずははじめてみて！
うまくいかなかったら
おうちの人と相談して
方法を見なおすのも
大事だよ

報酬制がいいな
おてつだいをがんばれば
ほしいものが
たくさん買える！

計画を立てやすい
定額制が自分には
合っていそう！

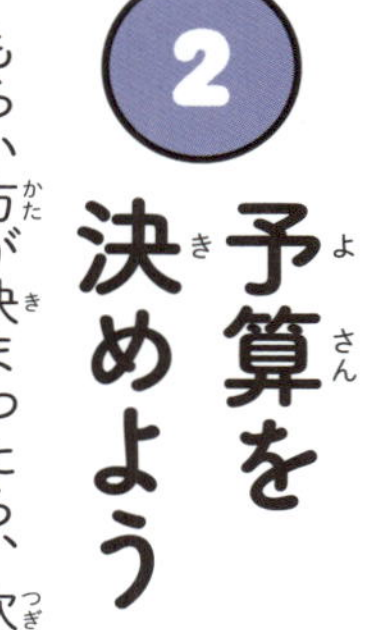

2 予算を決めよう

もらい方が決まったら、次はもらう金額を決めるよ。下のように1か月のおこづかいを何につかいたいか、書きだした「予算リスト」をつくろう。リストには、ほしいものを「自分のためにつかうお金」、「人のためにつかうお金」、「貯めるお金」に分けて書きだしていくよ。それから、ほしいもののだいたいの金額を調べてみよう。それらの金額の合計が、1か月の予算、つまりおこづかいとしてもらいたい金額になるよ。

この予算を、おうちの人に見てもらって、おこづかいの金額を相談しよう。

A　自分のためにつかうお金

内容	ニーズかウォンツか	金額
えんぴつ2本	ニーズ	150 円
ネイルシール	ウォンツ	100 円
お菓子	ウォンツ	200 円
UFOキャッチャー	ウォンツ	200 円

ニーズ 150 円 + ウォンツ 500 円 = Ⓐ 650 円

B　人のためにつかうお金

内容	金額
誕生日や記念日のプレゼント	200 円
募金	50 円

Ⓑ 250 円

C　貯めるお金

内容	金額
新作ゲームを買うため	300 円

Ⓒ 300 円

1か月の予算（Ⓐ＋Ⓑ＋Ⓒ）1200 円

3 「契約書」をつくろう

おこづかいのもらい方と金額が決まったら、「契約書」をつくろう。契約書とは、決めたルールをおたがいに守ります、という約束をかわす書類のこと。大人になると、スマホを買うときや自分のクレジットカードをつくるときなど、何度も契約書をつくる機会があるので、今から練習しておこう。

おうちの人と話しあって決めたおこづかいのもらい方や、おてつだいをしたときの報酬などを書いて、自分とおうちの人、それぞれがサインをするよ。契約書にサインすることは「あなたを信用します」という意味もふくまれているから、書かれた約束をやぶると相手の信用を失うことになるよ。

契約書に書くこと

- 契約した日づけ
- もらい方（定額制、報酬制、ハイブリッド制など）
- いつもらうか（毎月1日、毎週月曜日など）
- もらう金額（報酬制の場合は、おてつだいの内容と金額、何回するかなど）
- もらったお金をどうやって管理するか（くわしくは62ページを見てね）
- そのほかの、おうちの人との約束ごと
- 自分のサイン
- おうちの人のサイン

サインをするのは
いちばん最後！
自分とおうちの人
両方が
「この内容でOK」と
納得してからね

20XX年〇月△日

おこづかいけいやく書

（自分の名前）は、家族と相談した結果、おこづかいのルールを次のように決めました。

1 おこづかいのもらい方、もらう日

- おこづかいは、定額制 とします。
- おこづかいの日は、毎月1日 とします。

2 おこづかいの金額

- おこづかいの金額は、毎月1000円 とします。

自分につかうお金	600円
人につかうお金	200円
貯めるお金	200円
合計	1,000円

- （報酬制・ハイブリッド制の場合）仕事と金額は、次のようにします。

おふろそうじ	50円
犬の散歩	50円
おさら洗い	20円
洗濯物のかたづけ	20円
植物の水やり	10円

3 管理のしかた

- おこづかいは、おこづかいアプリ で管理します。
- 毎月1日 につかった金額を報告します。

4 おうちの人との約束ごと

- 臨時収入をもらったら、かならず報告します。
  お金は「つかっていいお金」「貯めるお金」「おうちの人にあずけるお金」に分けます。
- お金の貸し借りはしません。
- 宿題、へやのかたづけはきちんとやります。

サイン　（自分の名前）　（おうちの人の名前）

契約書は約束を形にした
とっても大切なもの
いつでも見られるところに
はっておくのは
いい考えだね！

なくしちゃいそうだから
いつでも見られるように
机の上にはって
おこうかな？

おこづかいの管理

もらったおこづかいを「どう管理するか」は、きみが思うより大切かも？ 自分に合った管理術を身につけよう。

1 つかえるお金を「見える化」しよう

おこづかい管理のコツは、つかったお金と残っているお金がいつも分かるようにしておくこと。透明な入れもので保管すれば、お金の量がひと目で分かるし、ノートに記録すれば、書きこむたびにお金の出入りを意識できるね。もらったお金を3種類に分けるのも、管理がしやすくなるのでおすすめだよ。ほかにもいろいろな管理の方法があるから、自分に合ったやり方を探してみよう！

お金の分け方

① 自分のためにつかうお金

今の自分に必要なもの（ニーズ）やほしいもの（ウォンツ）を買うためのお金だよ。ニーズの文房具や、ウォンツのおやつ、ゲームの課金などだね。

② 人のためにつかうお金

友だちの誕生日プレゼントやおみやげ、母の日・父の日のプレゼントなど、家族や友だちのためのお金だよ。だれかを助けるための募金も人のためにつかうお金だね。

③ 貯めるお金

ゲーム機やタブレット、趣味のアイテムなど、1回のおこづかいでは買えないもののために貯めておくお金だよ。高額なものがこわれたりなくなったりと、トラブルがあったときにもつかえるね。

管理のしかた①

ボトル分け

ペットボトルなどの透明な入れものにお金を保管して管理する方法で、アクティブさんや気くばりさんにおすすめ。入れものは「自分のためにつかうお金用」、「人のためにつかうお金用」、「貯めるお金用」の3種類用意してね。

ボトル分けのやり方

① おこづかいをもらったとき

透明なペットボトルやプラスチック容器を3つ用意して、それぞれ「自分用」「人用」「貯める用」と書いておこう。おこづかいをもらったら、あらかじめ決めておいた割合で、お金を入れておくよ。

② お金をつかうとき

お金をつかうときは、それぞれのつかい道に合った入れものから出すよ。「自分用」のお金がなくなったからって、「人のため用」からお金をとるのはNG!　お金がどれくらい残っているかは見てすぐわかるのだから、「へってきたな」と思ったらお金をつかうのを少しひかえよう。

管理のしかた②

おこづかいノート

買ったものや金額を記録する「おこづかいノート」をつくってお金を管理する方法。なににつかったかをふり返ることができるから、計画的にお金をつかえているかが分かるよ。気くばりさんややりくりさんにおすすめで、「ボトル分け」と同時にやることもできるね。

おこづかいノートに書くこと

① 今月ほしいもの

今月買うものや買いたいものがあれば、書いておこう。ニーズかウォンツかも書いておくと、何を優先して買えばいいか判断できるね。

② おこづかいの予算

「自分のためにつかうお金」「人のためにつかうお金」「貯めるお金」の予算を書こう。記録するたびに残りがいくら か意識できるよ。

③ 買ったもの

お金をつかったときにもらう「レシート」を見て、つかった日にち、金額、なににつかったかを書こう。もらいわすれたときは、だいたいの金額でOKだよ。

④ 自分の感想

その月の最後に、1か月間の自分のお金のつかい方をふり返って感想を書こう。おうちの人にも見てもらうと、アドバイスがもらえるかも。

おこづかいノートの見本

11 月のおこづかい	1500 円

おこづかいでもらったお金を3つにわけて、それぞれどれくらいつかえるかを書きこむよ。

	自分のためにつかうお金	人のためにつかうお金	貯めておくお金
今月もらうお金	900 円	300 円	300 円
先月までの残り	なし 円	50 円	1500 円
今月のお金	900 円	350 円	1800 円

3つにわけたお金を、それぞれいつ・なにに・いくらつかったかを書いていこう。

自分のためにつかうお金　900 円

日にち	内容	つかった金額	ニーズかウォンツか	残ったお金
5 日	お菓子	120 円	ウォンツ	780 円
6 日	UFOキャッチャー	300 円	ウォンツ	480 円
21 日	ノート	150 円	ニーズ	330 円
27 日	ジュース	150 円	ウォンツ	180 円

人のためにつかうお金　350 円

日にち	内容	つかった金額	残ったお金
5 日	○○ちゃんへおみやげ	250 円	100 円

貯めておくお金　1800 円

日にち	内容	金額	貯めたお金
日		円	円

次のおこづかいまでに残ったお金を書きこむよ。

今月の残ったお金　1800 円

自分のためにつかうお金	人のためにつかうお金	貯めておくお金
180 円	100 円	1800 円

自分のお金のつかい方がどうだったかをふり返って、おうちの人にもコメントをもらおう。

今月の感想	おうちの人の感想
ウォンツでつかうお金がおおかったかもしれない。	お金のつかい道を自分で反省できたのでえらい！ 来月もしっかりノートをつけてね。

書きつづけたらお金のつかい方がじょうずになりそう！

残ったお金の計算も必要だから自然と計算が得意になるかも！

管理のしかた③

レシートノート

お店でお金を払ったときにもらう「レシート」をノートにはって管理する方法だよ。買うたびにレシートをはっていくだけでいいから、記録するのがラクチン！ アクティブさんや気くばりさんは試してみてね。

レシートチェックのしかた

① レシートを ノートにはる

商品を買ったらかならずレシートをもらい、日付ごとにまとめてノートにはっていこう。カプセルトイやUFOキャッチャーなどのようにレシートがもらえないときは、つかった内容と金額をノートに直接書きこむよ。

② 期間ごとに見返す

1週間や1か月など、決まった期間ごとにノートを見返して、何にお金をつかったかをチェックするよ。「ムダづかいが多かったかも」と感じたら、次の日からは少しお金のつかい道をかえてみよう。

管理のしかた④

おこづかいアプリ

自分用のスマホやタブレットを持っているなら、おこづかいアプリがおすすめ！　ゲーム感覚で楽しく記録できるし、つかったお金と残っているお金がグラフで見えるものもあるから、わかりやすいね。慎重さんややりくりさんに向いている管理方法だよ。

信用できる会社がつくったアプリならためしてみてもいいよね

おこづかいアプリでできること

① おこづかいノートと同じようにつかえる

お金をつかった日づけや金額、何につかったかなど、おこづかいノートと同じ情報を記録できるよ。スマホなら買ってすぐに入力できるから記録わすれも少なくなるはず！

② 自動でグラフ化

最初に「ニーズでつかったお金」、「ウォンツでつかったお金」というように、グループを設定しておけば情報を入力したときに自動でグラフになって、1か月間どんなお金のつかい方をしたかがひと目でわかるよ。

おすすめおこづかいアプリ

ハロまね（三井住友カード株式会社）

おこづかい管理はもちろん、おてつだいの記録、管理ができるよ。銀行や利息のしくみを知ることもできるんだ！

comotto（コモット）ウォレット（株式会社NTTドコモ）

おてつだいの内容と金額を記録できるので報酬制の子におすすめ。目標金額を設定して、どれくらい目標に近づいたかも確認できるよ。

管理のしかた⑤

キャッシュレス決済

おこづかいをキャッシュレス化するという上級編の管理法だよ。キャッシュレス決済なら入金したりつかったりした記録をスマホやタブレットで見ることができるから、管理もしやすいね。

キャッシュレス化の便利な点

① 記録が自動になる

お金をつかうと自動的に「支払い履歴」が記録されるから、自分で記録を残す必要がないよ。おこづかいノートのかわりになるね。残っているお金も表示されるから安心。

② レシートを見なくてもふり返りができる

レシートが手元になくても支払い履歴を見れば、ふり返りができるね。ただし、レシートは買ったものが不良品だった場合に返品するときに必要なものだから、万が一にそなえて、もらうクセをつけておこう。

③ おうちの人と協力して管理できる

おうちの人のスマホで、きみのスマホにおこづかいを送金したり支払履歴を確認したりできるから、自分だけで管理する自信がなくても挑戦できるね。

もし みんなが
キャッシュレス決済を
利用するなら
前払い（45ページ）が基本！
まずは予算を
決めましょう

2 ふり返りでレベルアップ！

おこづかいの管理は、つかって記録すれば終わりじゃないよ。つかった後のふり返りも大切だね。自分がどんなつかい方をしたのか、何にお金をつかったのか見なおしてみよう。

「今月はムダづかいしちゃったな」とか「貯めるお金をもう少しふやせそうかも」などと感じたら、レベルアップのチャンス！　見なおしは、つづけることが大切だから、毎月くり返すことで、お金のつかい方がじょうずになっていくよ。

ふり返りたい内容

① 予算どおりだったか

おこづかいをもらうときに立てた計画どおりに、お金がつかえていたかな？「自分のため」、「人のため」、「貯めるため」と決めた予算どおりにつかえていたかもチェック！

② どんなものを買ったか

ウォンツのものばかり買っていたり、もう持っているのに同じようなものを買ったりしていないかな？　後から考えるともっと安く買うことができた、なんていうこともあるかも。見なおすことで、よく考えてお金をつかうクセが身につくよ。

③ 決まりを守れたか

おうちの人と結んだ契約書の内容は守れているかな？　報酬制のおてつだいでやるべきことや決められた回数など、できていないことがあれば、くり返さないように注意しよう。

はじめから
カンペキでなくても
だいじょうぶなの
大切なのは続けること
少しずつ管理の経験を
積みましょう

3 臨時収入を管理しよう

「臨時収入」とは、お年玉やたまに会う親せきの人からのおこづかいなど、特別なタイミングでもらうお金のこと。定期的にもらえるおこづかいよりたくさんもらえることもあるね。だからといって「よーし、なんでも買えるぞ！」と思ってしまうと、ムダづかいにつながるよ。大きい金額を手にしたときこそ、自分のお金を管理する力がためされていると考えよう。

貯金の目標額にぐっと近づくチャンス！

臨時収入の管理のしかた

臨時収入も3種類に分けると管理しやすいよ。ただし、臨時収入の場合は、分ける種類がふだんのおこづかいと少しかわるから注意しよう。左のような3種類に分けてみてね。

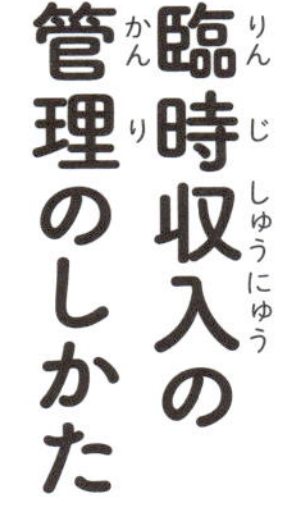

① 自分で自由につかうお金

ほしいものや必要なものを買うお金。ふだんのおこづかいと合わせれば、少し高いものも買えるね。

② 貯めるお金

おこづかいでは買えない高額なものや予定しない買いもののために、銀行や郵便局の自分の口座に預けるお金。

③ おうちの人に預けるお金

塾や習いごと、進学など、自分では思いつかなくてもきみの将来のために必要になるお金があるよ。おうちの人に預けて、備えておいてもらおう。

自由にできるお金のつかい方をくふうしよう

たとえば1万円の臨時収入があって、そのうち5千円を自分で自由につかうお金にしたときに、それをどうつかうかを考えてみよう。うまくやりくりすれば大きな買いものもできちゃうよ。

5000円のつかい方例 ① 今まで試せなかったものにつかう

たとえば、これまでタブレットでみていた映画を映画館にみにいってみる、自分のお金で豪華なスイーツを食べてみる、などのようにふだんできないことを試してみるのもいいね。新しい経験のためにお金をつかうのは、自分への投資になるよ。

5000円のつかい方例 ② ふだんのおこづかいや貯金と合わせてつかう

もし7000円のゲームソフトのために貯めているお金があれば、貯金から2000円足して計画より早く手に入れられるね。残った貯金は別の目標につかえる。貯金はそのままで、今月のおこづかいから1000円、来月のおこづかいから1000円足す、というやり方もあるよ。

臨時収入をつかう前に

● まず「ありがとう」

お年玉や特別なおこづかいをもらったら、かならず感謝の気もちを伝えよう。メッセージカードなどにお礼を書いてもいいね。もちろん、ふだんもらうおこづかいにも、感謝の気もちが必要だよ。

● おうちの人に報告

おうちの人以外から臨時収入をもらったら、必ずおうちの人に報告しよう。お金は大切なものだからこそ、おうちの人に知っておいてもらおう。報告しておくことはトラブル防止にもなるよ。

おこづかいの再交渉

おこづかいのルールは、きみとおうちの人の両方が納得すれば、とちゅうでかえることもできるよ。

1 「今の自分」に合ったおこづかいに

学年が上がったり新しい習いごとや友だちがふえたりして、ニーズのお金が足りなくなることがあるよ。おてつだいをする時間が少なくなる場合もあるね。そんなときは、おうちの人と、おこづかいのルールを見なおす「再交渉」の話しあいをしよう。

ただし、再交渉はいつでもできるわけじゃないよ。もらっているおこづかいが、今のきみには合っていないことを、おうちの人が納得できる理由が必要。下のチェックリストが3つ以上あてはまるなら、再交渉に挑戦してみよう。

ほしいものがふえたから100円アップしてほしいなあ

再交渉するにはこれまできちんとお金を管理できていることが条件!

再交渉のチェックリスト

- □ 必要なものが買えない
- □ むだづかいをしていない
- □ おてつだいをする時間がない
- □ 貯金がしっかりできている
- □ 契約書のルールを守っている

見なおす内容を考えよう

再交渉をする前に、おこづかいのルールのどこを見なおすかを考えておこう。

たとえば、「毎月もらう金額を上げたい」場合もあれば、「大きな買いものが必要になったときには臨時でもらえるルールにしたい」という場合もあるね。下の例を参考にして、見なおしたい内容を考えてみよう。

見なおす内容が決まったら、おうちの人に「金額やもらい方をかえる相談をしたい」とつたえて、再交渉スタート！

見なおす内容の例

① 毎月の金額のアップ

習いごとや友だちがふえるにつれて、必要なもの（ニーズ）を買うのにかかるお金もふえてしまった場合には、毎月もらう決まった金額そのものをふやしてもらう必要があるね。

②「臨時収入ルール」の追加

ふだんのお金は足りていても、友だちの誕生祝いなどで急に大きな金額が必要になる場合もあるね。そんなとき、おうちの人につかい道を話して認められれば臨時でお金をもらえるルールを追加する、というやり方もあるよ。

③ おてつだいの内容と報酬をかえる

報酬制の場合、いそがしくておてつだいの時間がへると、おこづかいが足りなくなりがち。そんなときは、よりおうちの人の助けになるおてつだいをして、その分、一回にもらう金額を多くしてもらうよう交渉してみてもいいね。

2 再交渉の「プレゼン」をしよう

ただ「おこづかいの金額をアップして！」というだけでは、おうちの人もOKしてくれないかも。おうちの人に納得してもらうために、「プレゼン」をしてみよう。プレゼンとは、「プレゼンテーション」の略で、相手に自分の意見や考えをきちんと伝えること。なぜおこづかいをアップしたいのか、どれくらいアップする必要があるのか、おうちの人に分かりやすく伝える練習をしよう。

うまく伝えられないと…

● わがままだと思われておこづかいも上がらない

うまく伝えられると……

● おうちの人も納得しておこづかいを上げてくれる

「おこづかいアップ！」プレゼンのポイント

① 目的と理由を伝えよう

目的と理由がわからないと、伝えたいことが伝わらないよ。目的は「300円アップしてもらう」、理由は「必要なものが買えないから」とはっきりすれば、相手に伝えやすいね。

② 伝え方を考えよう

自分の意見を理解してもらいたいなら「目的→理由→具体例→結論（目的）」の順で話すと伝わりやすいよ。

③ 伝えるタイミングを考えよう

おうちの人がいそがしいときにプレゼンしようとすると、ダメといわれるかもしれない。おてつだいをしたあとやテストでいい点をとったときがベストタイミングだよ！

● 伝え方のステップ

【目的】おこづかいを300円アップしてほしいです

【理由】勉強で必要なものが買えないからです

【具体例】勉強時間が長くなったし、習いごとでもつかうからすぐへるんだ

【結論（目的）】足りない分を買うために、おこづかいを300円アップしてほしいです

とりたい景品がぜんぜんとれない！

何度も挑戦したくなるUFOキャッチャー。景品じゃなく「ゲットすること」が目的になると、ついお金をつかいすぎちゃうよ。

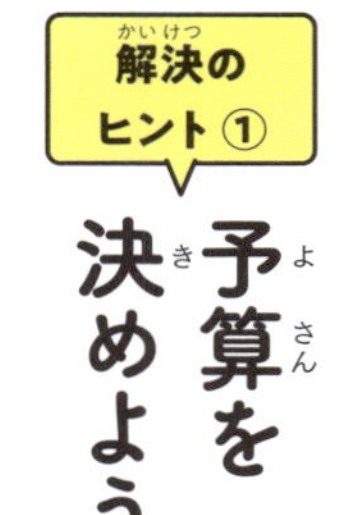

解決のヒント①

予算を決めよう

とることに夢中になると、おこづかいはすぐになくなるし、景品がとれなかったときに何も残らない。だから、夢中になる前に「400円まで」などと予算を決めてチャレンジしよう。夢中になってしまう人は、財布の中に予算のお金だけを入れるとつかいすぎをふせげるよ！

解決のヒント②

UFOキャッチャーのしくみを調べよう

タブレットなどで、どうやったら景品をとれるのか、どのくらいの確率でとれるのかを調べてみよう。なかなか景品がとれなくて、むきになったときに「むずかしいから、しかたないな」とあきらめられるかもしれないね。

かんたんに
とれちゃったら
ゲームセンターも
こまるものね

今までつかった
お金がムダになるって
思っちゃうんだよね

はじめから
勢いでつかえない
ようにしておけば
いいんだね

友だちの誕生日に高いものをあげたい

誕生日に、ふだんよりいいものを渡したい気もちはわかるけれど、金額が高すぎるものだと相手を困らせてしまうことがあるよ。

解決のヒント①

予算の上限を設定しよう

友だちグループで誕生日プレゼントを渡しあうなら、最初におこづかいで買える範囲で上限の金額を決めておこう。相手のことを考えて選んだプレゼントなら、高いものじゃなくても気もちは伝わるはずだよ。

相手のためだと思ってはりきっちゃうこと あるよね

解決のヒント②

おうちの人に報告しよう

友だちに何かをもらったら、おうちの人に報告しよう。自分ではわからなくても、おうちの人が見たら高級なものだとわかるかも。高級なものだったら、旅行のおみやげを渡したり、お礼の手紙を書くなど、お返しのしかたをおうちの人に相談するといいよ。

もらったのと同じくらいを返すのがポイントなのか

どちらか片方だけがたくさんお金をつかう関係はよくないね

おこづかいで決めたルールを守れなかった

友だちとはしゃいで、ついルールを守れなかったという経験はない? 約束をやぶることは、信用を失うということなんだ。

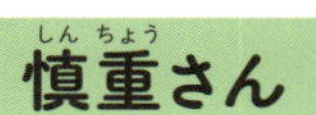

解決のヒント①

ルールをやぶったあとのことを考えよう

「ルールを守るから、おこづかいをもらう」という約束をやぶったら、おこづかいをもらえなくなるかもしれないね。一度信用を失うと「また約束をやぶるかも」と疑われてしまうかも。信用を失わないように、月に1回はルールを確認しておこう！

解決のヒント②

自分から報告しよう

約束をやぶってしまったことに気づいたら、自分からおうちの人に報告しよう。どうしてやぶってしまったのか、ルールを守るにはどうすればいいのかを、おうちの人といっしょに考えて実行できれば、きっと信用を取りもどせるはずだよ。

ルールが厳しすぎて守れそうもないと感じたらおうちの人とルールを見なおす相談をしてみましょう
軽い気もちでやったことがこんなに大変なことになるなんて……

友だちにさそわれたら行っちゃうかも気をつけなくちゃ！

友だちに「お金を貸して」といわれた

「返してもらうからいいや」という軽い気もちでお金を貸すのは、トラブルのもと。友だちとの関係がこわれてしまうことも！

気をつけたいタイプは……

解決のヒント①

貸し借りはしない！が基本

すぐ返すといわれたのになかなか返してくれない、少しずつ借りていたらいつのまにか大金になってしまったなど、お金のトラブルはさまざま。トラブルをさけるためにも、友だちとのお金の貸し借りはしないようにしよう。

ことわるときには「はじめはそんなつもりがなくても、お金が原因でケンカになることがあるから、貸し借りはしないでおこう」と、理由まで合わせて説明できるといいね。

解決のヒント②

相手が困っているときはOK

出かけた先で友だちが財布を落として帰りのバス代がない、という場合はどうかな？　こんなときは、お金を貸してもOK。ただし、おうちの人に「だれにどうして、いくら貸したのか」を、きちんと報告してね。

自分が借りたときにも報告しないといけないね

こんなとき
どうする?

友だちに「弁償して」といわれた

友だちに借りたものを、こわしてしまうことがあるかも。そんなとき、子ども同士で解決しようとするとトラブルになるよ。

気をつけたい
タイプは……

慎重さん

やりくりさん

解決のヒント①

おうちの人に報告しよう

友だちのものをこわしてしまったら、まずは友だちのおうちの人に話そう。自分のおうちの人にも、スマホを持っていればその場で、持っていなければ帰ってからすぐ報告してね。どんな状況だったのか、弁償する必要があるのかをおうちの人同士で話しあってもらおう。

解決のヒント②

すぐにお金を渡さない

おこづかいで払える金額でも、子ども同士でお金のやりとりをするのはトラブルのもと。その場でお金を払ってしまわずに、「おうちの人に相談するので、少し待ってて」と伝えよう。

実際にそんなことになったらあせって払っちゃうかも

だれにでもおこる可能性のあるトラブルだからアクティブさんもおぼえておいてね

ほしいカードを交換でゲット？

なかなか手に入らないグッズやめずらしいカードには、高い値段がつくことがあるよ。友だちと何かを交換するときに気をつけることは——？

気をつけたいタイプは……

解決のヒント①

交換はできるだけしない

お金で買ったものを交換することは、お金を交換しているのと同じこと。トラブルがおこりやすいよ。トラブルをさけるために、もの同士の交換もしないほうが安心だね。

ちょっと勇気がいるけどきっぱりことわる！

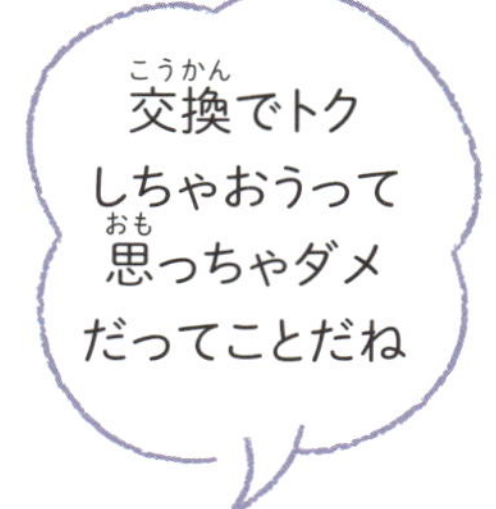

解決のヒント②

交換するときは価値が同じもの同士で

同じカードゲームでも、手に入りやすいカードとレアカードでは価値がちがうよね。価値や値段が大きくちがうもの同士の交換はNG。同じキーホルダーの色ちがい、といったように、価値や値段が同じか近いもの同士で交換するならいいかもしれないね。

「無料」のはずが高額請求が!?

「無料」と書いてあるサービスやゲームでも、あとからお金がかかることがあるよ。気づいたら、とんでもない金額が請求されることも!

解決のヒント①

おうちの人に確認してもらおう

サービスやゲームをスマホなどにダウンロードするときには、おうちの人に相談してからにしよう。ダウンロードは無料でも、ゲームを進めたりアイテムを手に入れたりするのに課金が必要なものもあるよ。はじめにおうちの人に確認してもらって、知らずにお金をつかってしまわないように設定してもらおう。

安心して遊べる方がぜったい楽しいもんね！

有料
無料

解決のヒント②

「なぜ無料にできるの？」と考えてみよう

サービス自体は無料でも、ときどき広告が流れる、メールで別の商品の宣伝が送られてくるなど、サービスを提供する側にも得があるしくみになっているんだ。

なかには、名前や住んでいる場所などの個人情報を入力するものも。個人情報は悪用されてしまうことがあるから注意が必要だよ。

お金のかわりに広告を見る時間や情報を支払っていると考えると「無料」にも注意が必要！

おさらいしよう

お金のつかい方タイプ別まとめ

ここまで解説してきたことを、タイプ別にまとめたよ。自分に合ったお金の管理のしかたと、注意したいつかい方をふり返ってみよう。

アクティブさん

オススメの管理のしかた

- ボトル分け⇒63ページ
- レシートノート⇒66ページ

注意したいお金のつかい方

- とりたい景品がぜんぜんとれない！⇒76ページ
- 友だちの誕生日に高いものをあげたい⇒78ページ
- おこづかいで決めたルールを守れなかった⇒80ページ
- 友だちに「お金を貸して」といわれた⇒82ページ
- 「無料」のはずが高額請求が!?⇒88ページ

気くばりさん

オススメの管理のしかた

- ボトル分け⇒63ページ
- レシートノート⇒66ページ
- おこづかいノート⇒64ページ

注意したいお金のつかい方

- とりたい景品がぜんぜんとれない！⇒76ページ
- 友だちの誕生日に高いものをあげたい⇒78ページ
- 友だちに「お金を貸して」といわれた⇒82ページ
- 友だちに「弁償して」といわれた⇒84ページ
- ほしいカードを交換でゲット？⇒86ページ
- 「無料」のはずが高額請求が!?⇒88ページ

慎重さん

オススメの管理のしかた

- おこづかいアプリ⇒67ページ

注意したいお金のつかい方

- 友だちの誕生日に高いものをあげたい⇒78ページ
- おこづかいで決めたルールを守れなかった⇒80ページ
- 友だちに「お金を貸して」といわれた⇒82ページ
- 友だちに「弁償して」といわれた⇒84ページ
- ほしいカードを交換でゲット？⇒86ページ

やりくりさん

オススメの管理のしかた

- おこづかいノート⇒64ページ
- おこづかいアプリ⇒67ページ

注意したいお金のつかい方

- とりたい景品がぜんぜんとれない！⇒76ページ
- おこづかいで決めたルールを守れなかった⇒80ページ
- 友だちに「弁償して」といわれた⇒84ページ
- ほしいカードを交換でゲット？⇒86ページ
- 「無料」のはずが高額請求が!?⇒88ページ

自分以外のタイプを見てみるのもいいかも！ 家族や友だちはどのタイプかな？

COLUMN 3

社会のためにつかうお金

だれかのためになるお金のつかい方を紹介するよ。こまっている人を助けたり、社会をよくしたりするためにも、お金をつかってみよう。

寄付

公共の団体などにお金やものを提供することを「寄付」というよ。街なかやお店のレジの横などで、寄付を募集しているのを見たことがないかな？寄付したお金やものは、地震などの被災地での支援活動や、貧しい国の子どもの健康を守る活動などにつかわれるんだ。

クラウドファンディング

「クラウドファンディング」とは、よいアイデアや熱意があるけどお金がなくて実現できない人が、インターネット上に自分の計画を公開して、応援してくれる人を募集するしくみのこと。応援する人は、クラウドファンディングを行っている人にお金を寄付したり計画された物やサービスを買ったり、投資や融資を申し込んだりするよ。社会をよくしようとする人を応援できるね。

募集する人は
人にたくしてもらった
お金をきちんとつかう
責任が発生するよ

将来のお金とのつき合い方を知ろう

働(はたら)いてお金(かね)をかせごう

ここからは、少(すこ)し未来(みらい)の話(はなし)。大人(おとな)になってからのお金(かね)とのつき合(あ)い方(かた)を紹介(しょうかい)するよ。まずは「働(はたら)くこと」から考(かんが)えてみよう。

つかうために「かせぐ」きみならどうする？

やりくりさん

お金をかせぐことを楽しめそうだけど、貯金に熱心になってしまって、じょうずにお金をつかうことを忘れてしまうかも？　お金をかせぐこととつかうことは、両方とも「自分の人生を豊かにする」ために必要だよ。

アクティブさん

たくさんお金をつかうから、その分たくさんお金をかせぐ必要があるよね。かせぐことに必死になりすぎて、働くことがイヤになってしまうかも？　自分がつかえるお金がどれくらいなのかを知ることからはじめよう。

慎重さん

あまり好きになれない仕事についてしまっても、「お金をかせぐため」とがまんして続けてしまいがち。お金をかせぐための働き方にはいろいろな種類があるから、自分らしい働き方を探してみよう。

気くばりさん

やりたいことがわからないまま、おうちの人や友だちにすすめられた仕事を選んでモヤモヤしちゃうかも……。仕事を選ぶときは「自分の人生を豊かにしてくれそうな仕事か？」を、自分の気もちと相談しよう。

大切なのは 仕事は
「人生を豊かにする
ためのもの」だということ
お金をかせぐこと
働くことについて
考えていきましょう！

働くことは「ありがとう」をつくり出すこと

きみたちが生活したり、おこづかいをもらえたりするのは、おうちの人が働いてお金をかせいでくれているから。お金をかせぐ方法はいくつかあるけど、一番確実なのが働くことだよ。働くとは、他の人に「ありがとう」といわれるような価値のあるものやサービスを生みだして、そのかわりにお金をもらうこと。家族が楽しく生活できるようにおうちの人ががんばって働いてかせいでくれたお金だから、「ありがとう」という気もちで大切につかいたいよね。

かせげればどんな方法でもいいの？

お金をかせぐのは「人生を豊かにする」ため。詐欺やどろぼうなどの犯罪行為でお金をかせいでも、人生は豊かにならないので意味がないね。自分にそのつもりがなくても、「短時間で高収入のアルバイト」などの甘いことばで犯罪に巻きこもうとする人がいるので、注意しよう。

かせいでいるほうがえらいの？

かせいでいる金額の多い人の方が少ない人よりえらい、ということはないね。働いてもらえるお金の量は、需要と供給（→32ページ）の関係によってかわってくるし、仕事の種類や会社の事業内容などによってもちがってくる。かせいだ金額だけで人の価値は決まらないよ。

仕事をしてお金をもらうしくみ

たとえば会社で働いて報酬である「給与」をもらうとき、そのお金はどこから出ていると思う？　直接お金を払ってくれるのは会社だけど、そのお金は、会社がお客さんから得た「利益」がもとになっているよ。ほかに、国や都道府県が「この会社の仕事は世の中のために必要だ」と認めたときにお金を支援することもある。これは「税金」がもとになっているね。会社の利益も税金も、仕事をしてもらうお金は、もともとはみんながくらす「社会」をグルグルとめぐっているものなんだ。

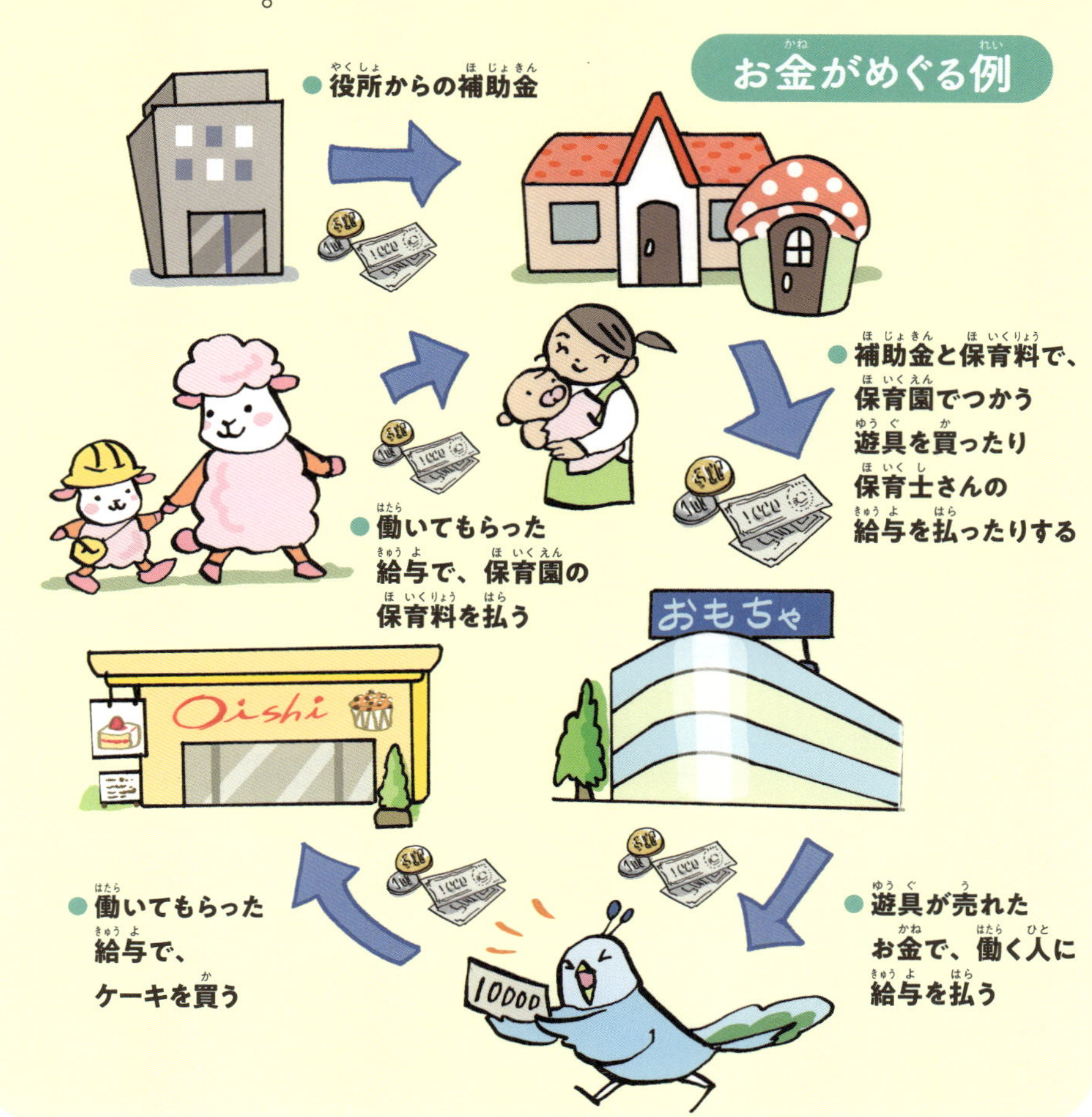

さまざまな働き方

働き方は、大きく分けると「会社員」「個人事業主」「経営者」の3つ。ほかにも、アルバイトや派遣社員など会社と一時的に契約する働き方もあるね。

仕事は、どんな事業で利益を得るかによって、いくつかの「業種」に分けられるよ。日本では、農業や建設業、サービス業など、大きく分けて20業種、細かく分けると1473もの業種があるんだ。

さらに、ひとつの会社の中にも、商品をアピールする「営業職」や商品を開発する「企画職」など、いくつもの「職種」があるよ。

おもな働き方

会社員

会社にやとわれて仕事をし、会社の利益から給与としてお金をもらうよ。国や都道府県にやとわれる場合は「公務員」と呼ばれるね。給与のもらい方にも、月ごとにもらう「月給制」や、働いた時間分の報酬をもらう「時給制」、仕事の成果に対して報酬をもらう「出来高制」などの種類があるよ。

経営者

自分で会社をつくって人をやとい、働いてもらうことで利益を得るよ。得た収入からやとった人たちに給与を払い、残ったお金を会社の将来のために蓄えたり、さらに発展させるためにつかったりするんだ。やとった人たちにきちんと給与を払って生活できるようにしなくてはいけない、責任が大きい働き方だね。

個人事業主

会社にやとわれずに、自分でお店を開いたり、サービスを提供したりして報酬を得る働き方。自分の好きなことや得意なことがいかしやすいけど、自分の能力が多くの人に求められないと報酬が多くならない、という厳しさもあるね。

※このページで紹介している業種・職種についての情報は、総務省統計局による「日本標準産業分類」（令和6年4月1日施行）をもとにしています。

いろいろな職種

いろいろな働き方があるように、ひとつの会社の中にも、さまざまな種類の職業（職種）があるよ。数ある職種の中で、ここでは４つの職種を紹介しよう。

●営業職

会社の商品やサービスをお客さんにアピールして、買ってもらう職種。お客さんの要望やこまりごとを聞いて、役に立つ商品やサービスを提案する力が必要だね。

●技術職

専門の知識をいかしてものづくりをする職種。アプリやシステムを開発するシステムエンジニアや建物の設計をする建築士、電気機器の修理をする技術者なども含まれるよ。

●企画職

新しい商品やサービスを開発したりその商品を宣伝したりする職種。どんな商品が世の中に必要とされているかを見きわめる力が必要なんだ。

●事務職

必要な書類をつくったりデータをまとめたりと、営業職や技術職といったほかの社員が力を発揮するためのサポートをする職種。経理など専門の知識が必要なことも。さまざまな手続きを正確に行う力がもとめられるよ。

働く人を守る法律「労働基準法」とは？

会社などで、やとう人とやとわれる人とは本来対等な関係だけど、やとわれる人の立場が弱くなってしまうことがあるよ。そこで、会社員かアルバイトかなどに関係なく働く人全員を守る必要最低限のルールを定めた法律があるよ。それが「労働基準法」。やとわれる人が無理な条件で働かせられるのを防ぐため、労働時間や休日の日数などが決められているよ。また、タレント業などで子どもが働く場合、時間や仕事の内容で特別に守られているよ。

自分らしい働き方を見つけよう

働き方も業種も職種も、いろいろありすぎて、将来どんなふうに働くかを迷ってしまうことがあるかもしれない。そんなときは、自分らしく働けるのはどんな仕事かを考えてみよう。

たとえば、もらえる給与が多いかどうかだけで仕事を決めたら、自分に合わずにつらい気もちですごすことになるかもしれない。人生の中で働く時間はとても長いから、自分に合った働き方を選ぶことが大切なんだ。

好きなことを仕事にしたり、今やりたいことを仕事につなげたりすることで、満足できる働き方を見つけられるかもしれないよ。今のうちから、自分らしい働き方とはどんなものか、考えてみよう。

副業とは?

ふだんしている仕事(本業)のほかに、空いた時間や労力をつかってする仕事のこと。収入を増やすためだけじゃなくて、好きなことにチャレンジする、自分に合った仕事と出合うきっかけを作るために副業をする人もいるよ。

「タイムバケット」でやりたいことを整理する

自分のやりたいことを整理して将来の仕事につなげるために、「タイムバケット」という方法があるよ。バケットとはバケツのこと。頭の中に「5年後」、「10年後」、「15年後」と書いたバケツを並べて、そこにやりたいことをどんどん放りこんでいくんだ。

いつまでになにを実現したいのかがはっきりするから、そのためには今どんな準備をして、将来どんな働き方をするのがよいのか、自然と考えるようになるよ。

何年後 自分が何歳のときに
なにをやりたいのか まずは思いつくままに
ノートに書き出してみてね
「好き」や「やりたい」という気もちを
大切にすれば自分に合った
仕事が見つかるはず!

COLUMN 4

子どもでもできる！お金のかせぎ方

本格的にお金をかせぐのは大人になってからだけど、子どもでもできるお金のかせぎ方もあるよ。

いらないものを売る

遊ばなくなったおもちゃや読まなくなった本を、フリーマーケットやリサイクルショップ、フリマサイトなどで売ってお金をかせぐ方法だよ。

ただし、18歳になっていない人は保護者の許可が必要。売りたいものがあるときには、おうちの人に相談して、すんでいる地域で開催されているフリーマーケットやつかえるフリマアプリを調べてみよう。

LINEスタンプの販売

アプリ「LINE」では、メッセージで使えるスタンプや絵文字を自分でつくって販売できるよ。どんなスタンプなら買ってもらえるか考えてみよう。いろいろなルールがあるから、つくるときはおうちの人といっしょにやってみよう。12歳になっていない人はLINEを利用していいかおうちの人に相談してね。

くわしくは、LINEのホームページから確認できる「制作ガイドライン」を見てね。

LINE CREATORS MARKET　ご利用方法　制作ガイドライン　LINEスタンプメーカー　公式note　Q&A　マイページ

制作ガイドライン

スタンプ　絵文字　着せかえ

クリエイターズマーケットで「ポップアップスタンプ」と「エフェクトスタンプ」をつくって販売できるようになりました。
この機会にぜひポップアップスタンプとエフェクトスタンプをつくってみてください。
※「ポップアップスタンプ」とは、画面全体にアニメーションを表示するスタンプです。
※「エフェクトスタンプ」とは、トークルームの背景にアニメーションを表示するスタンプです。

スタンプ　アニメーションスタンプ　カスタムスタンプ　メッセージスタンプ　BIGスタンプ
ポップアップスタンプ　エフェクトスタンプ

必要なもの

画像

	必要数	サイズ
メイン画像	1個	横240px × 縦240px
スタンプ画像(選択式)	8個/16個/24個/32個/40個	横370px × 縦320px（最大）
トークルームタブ画像	1個	横96px × 縦74px

ポイ活（ポイント活動）

現金やキャッシュレス決済で支払いをするときに、お金のかわりにつかえる「ポイント」がつくサービスがあるよ。買いものをするときに、なるべくポイントが貯まる支払い方を選んでいけば、貯まったポイントでお得に買いものができるよ。

ポイントを貯めることが目的になって、あまりほしくないものまで買ってしまわないように注意してね。

ポイントは家族で
貯めている
こともあるから
つかうときは
おうちの人に
確認してからね！

お金をふやそう

お金を手に入れる方法は、働いてかせぐだけではないよ。お金をふやす「投資」についても、知っておこう。

「投資」をするとき きみならどうする？

タイプ別アドバイス

気くばりさん

友だちから聞いたやり方そのままに投資をはじめて、途中で迷いが出てしまうかも。おこづかいの管理と同じように、投資にも自分のタイプに向いたやり方があるよ。まずは投資の種類やよい点、難しい点を調べてみよう。

やりくりさん

割引券をもらえたり優待を受けられたりする種類の投資が向いているかも。よくつかうお店や好きなブランドなど、自分にとって身近な会社に投資してみると、お金がふえる以上の価値を感じることができるはず。

アクティブさん

「ラクにお金もうけできるかも！」と、いろいろなタイプの投資をはじめてみるけれど、いきなり大金をつぎこんで大きな損をしてしまうかも。まずは、投資の基本を勉強をしながら、少ない金額からはじめてみるのがおすすめ。

慎重さん

投資の勉強をしてからはじめるけど、結果が出ないと不安になってしまうかも。勉強した結果、こわくてはじめられない、なんてことも。一度に大きな金額をあつかうよりも、あせらずにコツコツと長い期間をかける積み立て投資が向いているよ。

いろいろな投資があるけれど
どれもきちんと勉強しないと
損をしてしまうことがあるよ
それならやらなければいい！
というわけでもないから
投資について知っておきましょう！

お金を育ててふやす「投資」

「投資」とは、自分がつかう予定のないお金を、必要としている会社につかってもらい、その会社がもうかれば、利益の一部をお返しとして受けとること。ある会社に投資をすると、きみが何もしなくても、投資した会社の成績しだいで、きみのお金がふえたりへったりするんだ。お金がふえるだけならいいけど、へる可能性も常にあるよ。投資には、しっかりとした知識が必要になるから、「こわそう」「むずかしそう」と敬遠するより、今のうちからしっかり勉強しておこう！

投資の種類①

株式投資

「株式（株）」とは、「会社のオーナーになる権利」のこと。たくさんの人が株を買ったお金でつくられた会社を株式会社というよ。株式会社のもうけ（利益）は、その会社の株を買った人（株主）たちに分けられるんだ。たとえば、ある会社の株を1万円で買って、その会社の利益から、去年は1000円、今年は500円と分け前をもらう、これが株式投資だよ。株そのものが値上がりしたり値下がりしたりするから、1万円で買った株が1万1千円に値上がりしたタイミングで売る、などの取り引きもできるね。

株主には、その会社の商品や割引券などがサービスされることもあって、これを「株主優待」というよ。

投資の種類②

債券投資

国や会社から債券（借金の証書）を買って、事業を行うためのお金を貸してあげる投資方法だよ。借金だから返される日が決まっているし、定期的に利息を受けとれるよ。国が発行する債券を「国債」、会社が発行する債券を「社債」とよぶよ。

投資の種類③

投資信託

投資の専門家である「投資ファンド」にお金をわたして、自分のかわりに投資をしてもらう方法。投資ファンドはたくさんの人からあずかったお金を運用し、その利益をあずけた人たちに配るんだ。もちろん専門家も絶対ではないので、利益がでないこともあるよ。

投資を成功させるコツ

① すぐにはつかわないお金で少しずつ積み立てる

毎月決まった金額を投資して、コツコツお金を積み上げていくやり方。株や債券は安くなったり高くなったりするので、うまく安いタイミングで投資できればいいけど、それを見きわめるのはとても難しいんだ。毎月積み立てていけば、安定した金額で投資ができるよ。

② あせらない

投資をはじめて5年でやめた場合より20年続けた場合のほうがプラスになりやすいというデータがあるよ。一度はじめた投資は、よいときも悪いときもじっとがまんして、10年、20年といった長い期間で続けるのがおすすめ。

③ 投資先を分ける

ひとつの会社にだけ投資すると、その会社の成績が悪くなったときのダメージが大きいよね。投資先をいくつかの会社に分けておけば、別の会社が利益を出して損を取りもどせる可能性が高まるよ。

大切なのは
「集中させない」こと！
投資先も期間も金額も
「分散させる」ことを
心がけるといいの

投資は「推し会社」へ

投資は、もうかることもあれば、損をすることもある。その見きわめは投資の専門家でも難しいので、もうけだけを基準に投資先を選ぶことはできないね。そこで知っておきたい、もうひとつの基準が「推せる会社」かどうか。

好きなブランドをつくっている会社や、世の中のためにがんばっている会社などに投資をしてみよう。きみの投資したお金で、その会社がもっと発展するかもしれないよ。推したい会社、応援したい会社に投資をすることで、自然とその会社の活動にも注目するようになって、世の中のできごとへの関心も高まるね。

知っておきたい投資の豆知識

● NISA

日本に住んでいる18歳以上の人が利用できる制度で、専用の「NISA口座」をつくって運用するよ。低額から投資信託や株式投資が行えて、投資で利益が出たときに、通常は20%課税される「税金」がかからない、少しお得な制度なんだ。

● 株式ミニ投資

ふつう株式投資をするときには、一度に100株をまとめて買わなくちゃいけないけど、10株から買うことができる投資だよ。買える会社が限られているなど不便な点もあるけど、最初に用意するお金が少なくてすむね。「ミニ株」とも呼ばれているよ。

お金を借りることを考えてみよう

大人になると、お金を借りる「借金」も身近になってくるよ。借金についても、今から知っておこう。

タイプ別アドバイス

やりくりさん

利息（→112ページ）で損をするからと、お金は借りないタイプ。家や車などの大きな買いものもお金が貯まってからにするので、時期は遅くなるかも。家族といっしょにつかうもののときは、家族の意見も聞いてみてね。

慎重さん

お金を借りることに「いけないこと」というイメージがあって大きな買いものをなかなかできないかも。お金を借りるデメリットと、借りないデメリットをくらべて、借りるべきタイミングを見きわめよう。

アクティブさん

「ローン」や「後払い」などいろいろな種類の借金を活用して、買いすぎないように注意！　「毎月○○円を10年かけて返す」のように返す計画を立てないうちは借りちゃダメ、などのルールをつくっておくといいね。

気くばりさん

友だちに「利息が安いので、お金を借りるチャンスだよ」といわれても、必要がなければ借りなくてOK。自分が心から必要だと思えない借金は、後悔につながるよ。

「借金」って悪いこと？

「借金」と聞くと悪いことのように感じてしまうかもしれないけれど、そうとは限らないんだ。買いものをするときの「後払い」や「分割払い」も、じつは借金の一種。大人になると、お金を借りることも身近になってくるよ。

「借りる」にもいくつかの種類があるから、それぞれの特ちょうを知って、じょうずにつき合っていけるようになろう。

お金を借りると「利息」がかかる！

利息とは、借りたお金を返すときに「貸してくれたこと」への報酬として支払うお金のこと。「利子」ともいうね。この利息が、お金を貸しだす会社のもうけになるよ。借りた金額が高ければ高いほど、借りていた期間が長ければ長いほど、利息として払うお金も多くなるので、お金を借りるときはじゅうぶんに考えてからにしよう。

「借りる」の種類

後払い

品物を受けとったりサービスを受けたりした後で、代金を払う方法。現金がなくても買えるから便利だけど、短期間に何度も利用すると、どれくらいお金をつかったかがわかりにくいので注意が必要。本当に払いきれる金額なのかを確かめてから利用しよう。

分割払い

クレジットカードなどでできる払い方。買いものをしたときにカード会社がかわりにお金を払ってくれて、自分は「3回払い」、「10回払い」など何回かに分けて、カード会社に払ってもらったお金を返していくよ。回数によっては、手数料がかかることもあるんだ。

リボ払い

クレジットカードでできる払い方。分割払いと同じように何回かに分けて払うけど、回数ではなく「一回に払う金額」が決まっている方法だよ。高いものを買うほど、払いつづける期間が長くなるね。つかいすぎて借金の額がふくらんでも気づきにくいので、注意が必要だよ。

ローン

銀行などの金融機関からお金を借りて、毎月少しずつ返す方法。「住宅ローン」や「マイカーローン」のように、つかい道が決められているものもあるよ。ローンを利用するには「本当にお金を返しきれる人か?」を審査されて、合格する必要があるんだ。

今のうちから
お金を借りるって
どんなことかを知っておけば
将来必要になったときに
あわてないですむよ

お金を借りるのはどんなとき？

たとえば、結婚したり子どもがうまれたりしたタイミングで、自分の家を買おうと思ったら何千万円ものお金がかかる。でも、そんな大金が貯まるまで待っていると、新しい家が必要なタイミングを逃してしまうかもしれないよね。そんなときに銀行などからお金を借りれば、必要なときに新しい家が手に入るよね。

軽い気もちで借金をするのは、もちろんNG。でも、自分や自分の家族が幸せにくらしていくために必要で、払い方や利息のこともちゃんと計算できているなら、こわがり過ぎないでも大丈夫。借金ともじょうずにつき合っていけるといいね。

経営者や個人事業主になったら仕事を発展させるために借金が必要になることもあるよ

信用できる相手から借りるのもわすれないようにしなくちゃね

身近な借金を見てみよう

カーローン

家と同じように、ローンを組んで車を買う人もいるよ。家よりは値段が低いことが多いから現金で支払う人もいるみたい。

奨学金

奨学金とは、お金がなくて高校や大学に進めない人を助けるための資金。国や企業などに申し込んで、お金を借りたりもらったりするよ。借りた場合は、学校を卒業して働きはじめてから少しずつ返していくんだ。

スマートフォンの分割払い

スマートフォン本体は本来とても高額だけど、買うときはお金を払わないことが多い。これは、毎月の使用料とは別に本体の代金を分割して支払っているから。分割払いと同じで、借金をしていることになるよ。

ネット上の後払いや分割払い

ネットショッピングでも、後払いや分割払いを選ぶと借金になるね。借金にならない支払い方法には、商品を受けとったその場で現金で払う「着払い」や、銀行振り込みやコンビニエンスストアで先にお金を支払う「先払い」などがあるよ。

18歳から大きくかわる、お金とのつき合い方

18歳になると、自分で契約を結べるようになるよ。スマホを買ったり自分のクレジットカードをつくったりできるようになるんだ。クレジットカードの契約をするということは、自分でお金を借りられるようになるってこと。その分「責任」も大きくなるね。

18歳になるといろいろな契約が結べるようになるから、それをねらってお金をだましとろうとする人もいるよ。今のうちから、契約の大切さとこわさを知っておこう。

これできみも バランスさん！

お金(かね)にまつわるQ(キュー)&(アンド)A(エー)

お金にまつわる

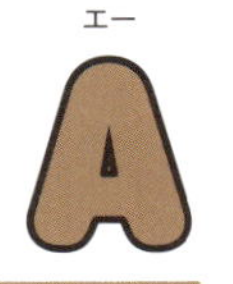

銀行ってなにをしているところ?

3つの役割で世の中にお金をまわす場所!

銀行には、大きく3つの役割があるよ。みんなからお金を預かる「預金」。必要としている人や会社にお金を貸す「貸出」。そして、会社からの給与をみんなの口座に送ったりみんなの口座からカード会社へ送ったりとお金を動かす「為替」だよ。

つまり、銀行の仕事は、世の中のお金をぐるぐるとまわすこと! 経済活動をスムーズに行うのに欠かせない存在なんだ。

最近では
インターネット上だけで
お金のやりとりができる
「ネット銀行」も
ふえているよ

コンビニにある
ATMでも
銀行の機能が
つかえるよね

銀行の3大業務

① 預金

銀行は、みんなからお金を預かっているよ。なぜ銀行に「預金」するかというと、家に置いておくと失くしたり、ぬすまれたりする危険があるから。それから、お金を預けたお礼として、銀行から「利息（利子）」（→112ページ）をもらえるんだ。

② 貸出

銀行は、みんなから預かったお金を、必要としている人や会社に「貸出」しているよ。そして、返してもらうときに、「貸してくれてありがとう」というお礼のお金、「利子」を受けとるんだ。

③ 為替

社員の銀行口座に給与が振りこまれたり、クレジットカードで買いものをしたときに、その分の金額が口座から引き落とされたり……。こんなふうに、銀行を通して、口座にお金を振りこんだり引き落としたりする作業を「為替」というんだ。

貸出と為替は
大人になった
ときに関係して
きそうだね

日本銀行ってなに？

日本銀行は、日本の「中央銀行」。世界中の銀行は、その国の金融の中心となる中央銀行と、そのほかの民間金融機関に分かれるんだ。中央銀行はお金を新しくつくるという大切な役割を持っていて、取引をするのは民間金融機関とだけ。一般の人はつかえないよ。

ニュースとかで聞く
言葉だけど どういう
意味か考えたこと
なかったかも

Q「景気がいい」「景気が悪い」ってどういうこと?

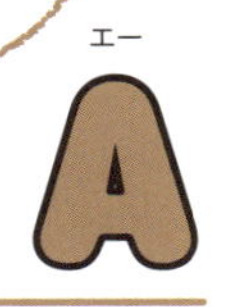

世の中にまわるお金の量で決まる!

会社がもうかって給与がふえると、みんなが買いものをして、世の中にまわるお金もふえる。みんなの生活も豊かになるね。これが「景気がいい」状態だよ。反対に、会社がもうからなくなって給与がへると、みんなが節約をして世の中に回るお金がへる。これが「景気が悪い」状態なんだ。

国の経済は、景気がいい・悪いを波のようにくり返しながら成長していくんだ。

不景気がつづくときには
国や日本銀行が
「財政政策」や「金融政策」
という対応策をとるよ

輸入や輸出に関係が深い言葉だよ

Q 「円安」「円高」ってなに？

A 外国から見たときの「円」の価値！

たとえばアメリカでオレンジの値段が1個1ドルのとき1ドル＝100円なら、オレンジは100円で買えるね。でも、外国から見た円の価値は、国際情勢などでかわっていく。1ドル＝120円だと、同じオレンジを買うのに20円多く必要。これが、円の価値が下がった「円安」の状態だよ。オレンジが〝高〟くなるのに円〝安〟というと変な気がするかもしれないけど、「円の価値が低くなっている」という意味なんだね。反対に、1ドル＝80円だと、円の価値が上がった「円高」になるね。

円高と円安は会社の成績に関係してくることがあるから将来投資にチャレンジしたいと思っているならおぼえておいてね
品物じゃなく「円の価値」が高かったり安かったりってことか！

消費税はわかるけどほかにもあるのかな？

Q 「税金」ってどんなもの？

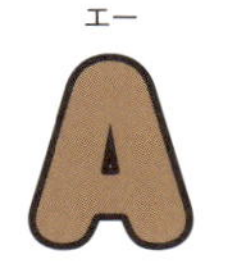

国民の生活を支えるお金を、みんなで出しあうしくみ

税金とは、国がみんなから少しずつ集めて、社会全体のためにつかうお金のこと。学校でつかう教科書も道路の工事も税金がつかわれているよ。警察官や消防士などの「公務員」の給与も税金から払われているんだ。もっとも身近な税金は、買いもののときに支払う「消費税」。年齢に関係なく全員が払う税だから、イヤだなって思うかもしれないけど、税金がないと国の運営が成り立たなくなってしまうんだ。

おもな税金のつかい道

道路や橋

国民がくらしやすい環境をつくるための、道路や橋の整備、公園や空港の建設などは、ほとんどが税金でまかなわれているんだ。このように税金で行う事業を「公共事業」というよ。

学校

学校のうち公立の学校は、街の人から集めた税金で建てられているよ。建物だけでなく、授業につかう教科書や机や黒板、実験器具など、学校でつかうものは税金で買っているんだ。

公務員の給与

世の中の治安を守る警察や消防、まちをきれいにたもつためのごみ処理など、社会全体の利益のために働く人たちの給与は、国や都道府県などが税金から支払っているよ。

国民が健康にくらすための支え

すべての国民の生活を支えるために、国は「社会保障」という仕組みをつくっているよ。この制度の運営のために、もっとも税金がつかわれているんだ。

税金の種類

税金には、ふたつの納め方があるよ。税金を払う人が直接納めるものを「直接税」、税金を払う人と納める人がちがうものを「間接税」というんだ。さらに、国に納める「国税」、地方自治体に納める「地方税」があり、地方税は都道府県に納める「都道府県税」と、市町村に納める「市町村税」に分かれているんだ。

おもな税金の種類

	直接税	間接税
国に納める 国税	●所得税 ●法人税 ●相続税 ●贈与税　など	●消費税 ●酒税 ●たばこ税 ●関税　など
都道府県に納める 都道府県税	●都道府県民税 ●事業税 ●自動車税　など	●地方消費税 ●都道府県たばこ税 ●軽油引取税　など
市町村に納める 市町村税	●市町村民税 ●固定資産税 ●軽自動車税	●市町村たばこ税 ●入湯税　など

Q

「社会保障」ってなに？

国民の生活を守るためのしくみのこと

みんなが元気に働いて、お金に困らずにくらせればいいけど、実際はそうはいかない。病気や事故、年をとったりして、働けなくなることもあるよね。

そんなとき、国は国民の「健康で文化的な最低限度の生活」を守るために助けあえる制度をつくっているんだ。それが、「社会保障」だよ。社会保障は4つあり、はば広い立場の人たちを助けられるようになっているよ。

助けあいの制度ってことかな？

4つの社会保障

●社会保険
病気やケガ、障害、介護などに備えて、国民全員が加入する保険制度。医療保険、公的年金、介護保険の3つがある。

●社会福祉
高齢者や母子家庭の人など、社会生活が困難な人を助ける制度。子どもが健やかにすごすための支援も含まれるよ。

●公的扶助
なんらかの事情で働けないなど、生活に困っている人が最低限の生活を送れるよう保障しながら、自立を助けるよ。

●公衆衛生
国民の健康を守るために、予防接種の実施や下水道の整備、ごみの処理などの衛生管理をする制度だよ。

おたがいを
助けあうお金の
つかい方が
できるといいね！

Q 「年金」ってなに？

いざというときにお金を受けとれる制度

社会保障のしくみのひとつに、「公的年金」があるよ。これは、前もって加入してお金を支払うことで、いざというときにお金を受けとれるしくみのこと。日本は、20歳以上の人全員に年金制度への加入義務があるんだ。

年金も社会保険と同じく、国民みんなでくらしを支えあう、という考えでつくられたんだよ。

公的年金の3つの役割

● 老齢年金

代表的な年金のひとつ。10年以上公的年金に加入している人は、定められた年齢（原則65歳以上）になると、その後ずっと一定の金額を受けとれるよ。

● 障害年金

病気や事故などにより、国が定める障害が心身に残ってしまい、生活や仕事などが困難な人が受けとれる年金だよ。

● 遺族年金

公的年金に加入している人が亡くなったときに、のこされた家族に対して給付される年金。「遺族基礎年金」と「遺族厚生年金」のふたつがあり、亡くなった人の年金の加入状況などによって、どちらかまたは両方の年金が受けとれるんだ。

コピーしてつかってね

目標リスト

ふだんのおこづかいでは買えない高額なものや、
家族や友だちの誕生日や記念日などを書いて、
お金を貯めるときの目標にしよう！

ほしいものリスト

ほしいもの	予算	手に入れたい日

記念日リスト

だれの記念日？	なんの記念？	おくりたいもの	予算

おこづかいノート

月のおこづかい	円

	自分のためにつかうお金	人のためにつかうお金	貯めておくお金
今月もらうお金	円	円	円
先月までの残り	円	円	円
今月のお金	円	円	円

自分のためにつかうお金

円

日にち	内容	つかった金額	ニーズかウォンツか	残ったお金
日		円		円
日		円		円
日		円		円
日		円		円

人のためにつかうお金

円

日にち	内容	つかった金額	残ったお金
日		円	円

貯めておくお金

円

日にち	内容	金額	貯めたお金
日		円	円

今月の残ったお金

円

自分のためにつかうお金	人のためにつかうお金	貯めておくお金
円	円	円

今月の感想	おうちの人の感想

1日5分！
タイプ別診断でわかる③
失敗を成功にかえるお金のつかい方

発行　2024年11月　第1刷

監修……八木陽子
監修協力……髙柳万里、道越久悟
イラスト……MICANO
発行者……加藤裕樹
編集……勝屋 圭
装丁・本文フォーマット…尾崎行欧、安井 彩、炭谷 倫（尾崎行欧デザイン事務所）
DTP・本文デザイン……株式会社アド・クレール
執筆協力……大友美雪（株式会社スリーシーズン）
発行所……株式会社ポプラ社
〒141-8210
東京都品川区
西五反田3-5-8
JR目黒MARCビル12階
ホームページ　www.poplar.co.jp
印刷・製本……中央精版印刷株式会社

ISBN978-4-591-18319-9　N.D.C.337　127p　21㎝
Printed in Japan

P6052003

監修　八木陽子（やぎようこ）

ファイナンシャルプランナー／キャリアコンサルタント。（株）イー・カンパニー代表取締役。2005年からお金教育・キャリア教育を普及するキッズ・マネー・ステーションを主宰し、日本全国で子どもから大人まで、明るく楽しい「お金の講座」を展開中。NHK「あさイチ」などメディア出演も多く、著書に『マンガでカンタン！　お金と経済の基本は7日間でわかります。』（Gakken）、監修に『NOLTYキッズワークブック お金を大切にできる8つのミッション』（日本能率協会マネジメントセンター）などがある。